高职教育教学文化研究

王　琦　陈正江 等 著

浙江工商大學出版社
ZHEJIANG GONGSHANG UNIVERSITY PRESS

图书在版编目(CIP)数据

高职教育教学文化研究 / 王琦等著. —杭州：浙
江工商大学出版社，2017.7
 ISBN 978-7-5178-1913-4

Ⅰ. ①高… Ⅱ. ①王… Ⅲ. ①高等职业教育－教学研
究 Ⅳ. ①G718.5

中国版本图书馆 CIP 数据核字(2016)第 269706 号

高职教育教学文化研究

王 琦 陈正江 等 著

责任编辑	刘 韵
封面设计	许寅华
责任校对	张春琴
责任印制	包建辉
出版发行	浙江工商大学出版社
	(杭州市教工路 198 号　邮政编码 310012)
	(E-mail:zjgsupress@163.com)
	(网址:http://www.zjgsupress.com)
	电话:0571-88904980,88831806(传真)
排　版	杭州朝曦图文设计有限公司
印　刷	虎彩印艺股份有限公司
开　本	710mm×1000mm　1/16
印　张	13
字　数	168 千
版 印 次	2017 年 7 月第 1 版　207 年 7 月第 1 次印刷
书　号	ISBN 978-7-5178-1913-4
定　价	36.00 元

目 录

Contents————————————————

第三编　高职教育新型教学文化的构建

序

Preface

　　《中华人民共和国国民经济和社会发展第十三个五年规划纲要》指出,要提高高校教学水平和创新能力,建设现代职业教育体系,推进产教融合、校企合作,优化学科专业布局和人才培养机制。在国家加快发展现代职业教育的背景下,高职教育的教学问题被置于更加重要的地位。通过改革来提升高职教育教学水平,进而提升高职教育的吸引力,这在整个高职教育界得到广泛接受和高度认同。这便成为我们思考问题的切入点,即在研究高职教育教学论和教学法的基础上,通过关注和研究高职教育教学文化,改变高职教育教学文化研究空白的局面,实现高职教育教学文化研究的系统系、体系化,进而促进高职教育从文化自觉到文化自信再到文化自立的跨越。

一、教学论、教学法与教学文化

(一)教学论

　　教学论这一术语,英语为 Didactics,德语为 Didaktik,最早由 17 世纪德国教育家拉特克和捷克教育家夸美纽斯提出,其原意可理解为"教学的艺术"。教学论的基本范畴通常包括教学目标、教学内容、教学方法和教学媒介。教学论是从反思和批判的角度对现实教学进行本质探寻和规律揭示,并以科学的逻辑体系、共性的原理和"善"的诉求来表征历史发展的教学应然图景。但由于长期以来,受二元对立思维定式的影响以及人们对教学论缺乏实践关怀的批评,教学论的实践"指导力"日益受到批判性的反思和质问。

(二)教学法

人们在探讨教学论时,总避不开其与教学实践的关系这一论题,教学法旨在对教学实践的本性和功能等问题进行了全面、深刻的研究。实践的观点是辩证唯物主义和历史唯物主义的首要的和基本的观点,根据辩证唯物主义和历史唯物主义的方法论原则,实践是认识的来源和归宿,它不仅包括人客观的物质实践活动,还包括人的精神实践活动。认识是实践活动的环节,认识的本性所表现的首先是实践的本性,即创造性的本性,因此,理论必须与实践相结合。这种马克思主义的实践观是探讨教学法的基点,教学法是一种由教师和学生两方面共同合作,完成对教学内容的理解,以有益于学生行为和经验的实践活动方法,决定了我们必须对教学理论的实践本性及其历史展现、教学理论实践功能的生成机制和实现机制问题进行深入探讨和分析。这里包括三个层次,即作为一般教和学的理论的教学法、注重教学互动和课程开发的教学法和作为与文化有关的教育的教学法。

(三)教学文化

如果说教学论和教学法是分别从理论和实践两方面探讨教育学科层次上的教学问题,那么,教学文化则径直超越了"教师教、学生学"的思维定式,在教学论和教学法两者基础上对教学研究的深化和升华。在这种意义上,教学文化具有元教育理论研究的意涵,同时具有教育哲学的某种功能,用来启迪教师教学智慧和激发学生学习动力。因此,教学文化研究不仅应关注教育学的问题,参照对教学论和教学法的分析成果,还应关注和借鉴心理学、文化学、社会学、人类学等多学科的思想方法。这种复杂性决定了开展教学文化研究需要多学科的支持,从而将教学问题置于广泛的社会文化背景、教育的历史传统等情境中,并据此提出教学文化的分析框架。

二、教学的文化自觉、文化自信与文化自立

文化是具有生成性的,教育教学改革发展到一定阶段都会面临文化的选择。对于职业教育而言,在国家层面上,大力发展职业教育和加快发展现代职业教育已形成政策共识并付诸实施,但在社会文化中"高职教育是本科高校的'压缩饼干'""职业教育是二流教育""职业教育是失败者的收容所"等谬论依然存在,使得包括高职教育在内的职业教育得不到全社会的广泛接受和心理认同。究其原因,高职教育教育教学方面的问题是一个重要的因素,而这也要归咎于对高职教学及高职教学文化研究上的欠缺。为此,必须认真思考高职教育的教学文化,进而促进高职教育教学的文化自觉、文化自信与文化自立。

(一)教学文化自觉(方法论)

所谓"文化自觉",借用我国著名社会学家费孝通先生的观点,它指生活在一定文化历史圈子的人对自身的文化要有自知之明,并对其发展历程和未来要有充分的认识。教学文化自觉体现了师生发展的能动认识与选择,是深化教学改革、提升教学质量的保障。教学文化自觉的内涵体现为两个核心特征:教学文化的主体意识和教学文化的反思意识。教学文化自觉的价值意义体现为:培养教育感情,发挥教育的增力作用;锤炼教学思维,践行教学文化理论;提升教学艺术,形成独特的教学风格。教学文化自觉的实践路向包括:发掘中国传统教学文化的当代意义,探寻国外教学文化的国际理解,建构适合课程改革的本土教学文化。

(二)教学文化自信(认识论)

作为一种教育类型,职业教育教学文化的核心是职业。德国职业教育研究专家帕尔将"职业(领域)教学论看作职业(领域)科学的一部分而对两者进行共同研究"[①]。文化如水,文化具有滋润心灵、潜移默化的功效。在本土化的语境下,我们需要高职教育的教学活动与工作过程定向的职业科学相结合,对其二者关系开展深入研究,在这种生成性的教育过程之中培育高职教育新型教学文化,提高高职教育教学文化自信。

(三)教学文化自立(本体论)

教学文化自立是建设高职教育新型教学文化的根基。在这个意义上,自立与自强同义。尤其是在学习型社会中,个性化、合作化、信息化的教与学的背景下,我国高职教育教学改革和人才培养面临巨大挑战。教学文化注重学习情境和学习主体,呼唤开展行动导向的教育研究,这就需要我们通过开展教学文化的本体论、认识论和方法论研究,从教学文化研究的对象维度和教学理论研究者的主体维度出发,通过理论研究和实践探索,探寻教学文化自立的新理念、新方式、新途径,在教学自身发展逻辑的实践基础上建构高职教育的文化自立。

由于在职业教育的教学过程中,各种教育价值之间存在对立与冲突,常常使得高职教育教学文化的本质被遮掩,这不但不利于我们在量上扩充高职教育教学研究的内容和结构,而且也不利于我们在质上丰富高职教育教学研究的理论与基础,这些都是我们下一步研究必须面对和解决的问题。这激发我们开展更为丰富的理论探索和实证研究,通过经验资料的收集和解释,以培育对这个持久而紧迫的教育议

---

① 姜大源主编:《当代德国职业教育主流教学思想研究:理论、实践与创新》,清华大学出版社 2007 年版,第 259 页。

题的深切关注。通过认真思考高职教育的教学文化，进而促进高职教育教学的文化自觉、文化自信与文化自立。

第一编

教学文化概论

第一章　教学文化的研究方法与路径

第一节　问题的提出

一、教学

(一)教学的含义与特征

教学的含义界定教学的范围与核心概念。教学是教师的教和学生的学所组成的一种人类特有的人才培养活动。通过这种活动,教师有目的、有计划、有组织地引导学生积极自觉地学习和加速掌握文化科学基础知识和基本技能,促进学生多方面素质全面提高,使他们成为社会所需要的人。在教学过程中,呈现着以下多重特征:一是内容的现实性,是指教学内容要与生活实际紧密联系,使教学内容生活化;二是主体的能动性,是指教师和学生通过深度参与和互动,真正成为教学活动的主体;三是形式的多样性,是指在服从教学内容的前提下,教学形式应呈现出多样性、灵活性、实效性,使自主学习与合作学习得以结合。

(二)古今中外教学思想的演变

教学研究源远流长。两千多年前,我国教育家孔子总结了很多教学心得,"因材施教""启发诱导""教学相长"等对我们当今的教育发展仍有借鉴意义。战国后期,我国教育史上最早教学著作《学记》诞生,其中提出的许多教育原理、教学原则,堪称具有中国特色的古代教育学和教学法,是我国古代教学文化的宝贵遗产和精华所在。全书尽管只有1300余字,共二十节,每一节都论说了教学问题的某一个主题,诸如教育的目的任务,教育制度,教学大纲,学校规则,教学的原则和方法,教师的作用以及对教师的要求等。人们对教学问题的一些认识及其教学思想已经成为古代教育文化的重要篇章,这些传统教育思想的精髓可以概括为"道法自然、和而不同、止于至善"[①],为我们思考博大精深的教学文化问题奠定了坚实的基础。

近代以来,捷克教育家夸美纽斯继承了古希腊和古罗马丰富的教育思想遗产,采纳文艺复兴运动中的进步教学主张,总结自己长期从事教育活动积累的经验,出版了近代教育第一部教学理论著作《大教学论》,借以阐明"把一切事务教给一切人们的全部艺术"[②]。夸美纽斯的教育思想不仅为近代教育理论奠定了基本的框架,也对后世的卢梭、裴斯泰洛奇、赫尔巴特、福禄培尔、蒙台梭利等教育家产生了深远的影响,尤其是赫尔巴特把夸美纽斯的教育心理学构想落实到理论层面,并建立起科学的"认知主义"的教育思想体系,近代教学的体系才算基本搭建完成。在赫尔巴特的教学体系中,管理、训育和教学是三个重要的构成部分。

20世纪30年代美国社会学家沃勒的经典性研究《教学社会学》被认为是教学文化规范性研究的开端。他认为,教师的专业知识永远是教学活动有效进行的基础,同时,他指出教学文化的发展常常依赖于教育制度和行政管理的完善。1968年,美国教育学者菲利普·杰克逊

---

① 严元章:《中国教育思想源流》,广东教育出版社2012年版,第3页。
② 夸美纽斯著,任钟印译:《大教学论:教学法解析》,人民教育出版社2006年版。

在其出版的《课堂生活》一书中对教师和课堂进行了较为系统地研究，他所得出的结论表明，教学工作困难重重，实属不易。到 20 世纪 70 年代，芝加哥大学教授洛蒂在其《学校教师：社会学研究》中，综合了关于教师的历史考察、问卷调查、教学观察等研究文献，真实地描述了教师生活中所形成的教师特有的意识和情感。20 世纪 80 年代中期以来，以英美的社会学家和文化人类学家为代表，在教师专业化运动的引领下，在学校文化研究的主题范围内，不断扩展教学文化的研究领域，基于长期的课堂观察和课堂参与，真实再现了教师在课堂生活中的教学图景，从不同的角度揭示了教师的职业意识、社会责任、人际关系、教育经历等各种因素对课堂教学的影响，进而把课堂教学的研究逐步推向文化研究的视域之内。在历史的维度上，我们简要分析古代、近代以及现代占主导性的教育思想（或教学主张），简要回溯了教学文化的历史演进。我们认为，不同阶段的教学思想都具有各自的合理性，也具有一定的局限性。同时，我们也必须承认，教学文化的演进并非严格遵循着单一的、线性的进化规律。

二、教学文化

（一）文化

我们在这里所讨论的"文化"的概念是与"自然"相对的。文化是一个复杂的范畴，美国文化人类学家克利福德·格尔茨在《文化的解释》一书中曾经指出："文化这个词在人类社会学领域因其所指的多义性和研究的模糊性而名声不佳。"[1]1871 年，被誉为"人类学之父"的英国著名人类学家爱德华·泰勒（E. B. Tylor，1832—1917）在《原始文化》一书中提出了关于文化的一个经典定义："所谓文化或文明，就其广泛

---

[1] ［美］克利福德·格尔茨著，韩莉译：《文化的解释》，译林出版社 1999 年版，第 2 页。

的民族学意义来说,乃是知识、信仰、艺术、道德、法律、习俗和任何人作为一名社会成员而获得的能力和习惯在内的复杂整体。"1952年,美国人类学家克罗伯(A. L. Kroeber)和克拉克洪(C. Kluckhohn)合作发表了著名的《文化:关于概念和定义的评论》。他们提出:"文化由外显的和内隐的行为模式构成,这种行为模式通过象征符号而获得和传递,文化代表了人类群体的显著成就,包括他们在人造物器中的体现,文化的核心部分是传统的(即历史地获得和选择的)观念,尤其是他们所带来的价值,文化体系一方面可以看作是活动的产物,另一方面则是进一步活动的决定因素。"我国著名学者梁漱溟也曾把文化界定为:"一个民族生活的种种方面",其功能发挥包括"第一,精神生活方面,如宗教、哲学、科学、艺术、文艺等是偏于情感的;哲学、科学是偏于理智的。第二,社会生活方面,我们对于周围的人——家族、朋友、社会、国家、世界——之间的生活方面都属于社会生活的一方面,如社会组织、伦理习惯、政治制度及经济关系。第三,物质生活方面,如饮食、起居种种享用,人类对于自然界求生存的各种"。把文化理解为一种行为的规范体系,从一个侧面揭示出文化的差异或者文化的冲突源自两种文化所具有的完全不同的行为规范体系,其方法论的价值意义在于要了解、分析人的行为的合理性,首先就必须了解并分析对人的行为起着制约作用的文化规范。

综上所述,文化是一个含义广泛但同样有所指向的概念,它凝聚了大到一个国家、民族,小到一个组织和个人的价值观念、思维方式、信仰习俗等。广义的文化泛指人类创造的一切精神财富与物质财富的总和,包括物质文化、制度文化与精神文化三个层面;而狭义的文化主要指一定人群中人们所共享的价值观、态度倾向以及与之相对应的行为方式。

(二)教学文化

1.教学文化的含义。教学总是发生在一定的社会背景和文化场景中,其基本功能就是传播文化,在教学的过程中以文"化"人。在这个意义上,教学是文化传递的通道,这既是一种知性的传递,也是一种理性的传递。古往今来,教学在文化之中,并传承和发展着文化。教学,是教育者和受教育者所熟悉的,而文化是现代社会人们使用的最频繁、最广泛的词语之一,但由这两个词组成的"教学文化"却并不为人们所熟知,有时甚至是教育者和受教育者都对自己所在的教学文化无所感知,甚至是漠然的或熟视无睹。"不识庐山真面目,只缘身在此山中"。实际上,教学活动中充满了诸多司空见惯、不假思索、习以为常的行为,这些都是教学文化的具体表现,只是我们缺少对它的理性反思。

教学既是一门科学,也是一门艺术,更是一种文化。从本质上讲,教学就是一个文化传播的过程。教学文化概念的提出,反映了人们尝试对教学活动与教学过程进行一种文化分析和解释。教学文化,即从文化的视角来探讨教学现象与教学问题,简言之,教学文化是教与学的文化。从学理上讲,教学文化是师生主要围绕课程在教与学的互动中构建的关于"教与学"的价值体系及行为方式。作为社会文化的一个有机构成部分,教学文化植根于教师与学生的教学实践活动中,它反映了教学活动的存在价值和本质特征,但超越了具体的教学活动,是开展教育教学活动的指导思想。

2.教学文化的特征。教学文化具有怎样的特征?如果这个基本问题都没有廓清,势必会使得相关的研究在范围上过于宽泛,研究的重点也难以凸显,甚至会影响高职教育教学文化研究的深入以及高职教育新型教学文化的重构等一系列关键的问题。

(1)整体性。教学是一种文化,教学的文化现象在课堂的学习场景中无所不在。教学文化实际上就是处于具体时代和具体地域的教学活动本身。就其性质来讲,教学文化是超越具体学科、具体个人的一种公共性的教学存在形态,是教学生活过程及与之有机成为一体的教学生态环境的整体。在教学的任何层面上,在师生的任何一种活动中都能体现出一种教学文化。教学文化通常是教育理论、教育观念和教育实践的有机融合。

(2)社会性。文化与社会是密切相关的。不同的年龄和职业的群体之间存在着亚文化的差异。作为亚文化,教学文化是以社会文化为土壤的,两者是相通且互相影响的。尤其是在经历教学文化转型的阵痛中,在目睹传统教学文化断裂和新型教学文化构建,在这个教学文化革故纳新的转型过程中,教师和学生通常都会强烈地感受到教学文化所固有的功能。特别是随着高等教育从大众化向普及化的转变,加之处于互联网＋教学蓬勃发展的时代背景下,以弘扬学生的主体精神为价值取向的现代教学理念要求人们改变自己以往的思维方式以及行为方式,呼唤构建高职教育新型教学文化,以更好地指导高职教育教学创新与实践。

(3)多元性。由于教学文化由多种要素构成,这些要素可以划分为主体要素——教学生活方式和支持性要素,即教学集体无意识、教学风俗习惯、教学制度及教学思想等。由于多种不同的任务和事件在教学中生成,因此,广义的教学文化包括学科文化、专业文化、教师文化、学生文化、课程文化、课堂文化、活动文化等内容,这种界定把上述这些不同的层面都纳入教学文化的范畴之中,分别从不同的视角表明教学文化呈现的功能和发挥的作用,形成了许多富有意义的研究领域和研究成果。

3.教学文化的功能。文化的重要功能就体现在,通过家庭启蒙、学校教育、社会舆论等各种手段,把系统的行为规范以及价值观念施加于"生于斯,长于斯"的个体,以实现文化的制约作用。教学生活的任何一个"切片"都展示出明确无误的文化内涵。法国社会学家、教育家埃米尔·涂尔干就曾指出,教学风格是与大学教师所具有的学科内容的方向、智力的类型、专业的训练、成年人的发展和核心价值观有关的[①]。其具有以下功能:

①规范功能。文化是一系列共有的概念、价值观和行为准则,它是使个人行为能力为集体所接受的共同标准。文化一方面是正在进行的生存方式和行为活动,另一方面它又规范、调节、控制、影响着这些生存方式和行为活动的知识、价值、意义。强调文化作为一种行为的规范体系,一方面它肯定了文化是人类实践活动的创造物,另一方面它又表明文化对于个体行为形成了外在的强制力,从而反映出文化所具有的共有性特征。教学文化就是师生在教学活动中所习得的关于"教与学"的价值观念与行为规范。

②指导功能。人的价值观念除了在言谈与论述中表达出来以外,多数情况下是通过人的行为举止真实地表现出来的。文化对于人的行为的指导在不同的历史背景下可以是自在的行为规范发挥作用,也可以通过自觉的价值观念在发挥作用。通常,越是在传统的社会背景下,越是自在的行为规范支配着人们的行为,例如传统习俗、宗法家规、民俗乡约、道德纲常等;而在现代社会中,人们的行为更多地受到理性知识、自觉的价值观念、法律契约等文化精神的指导。教学活动是教师与学生共同参与的过程,在这个过程中,教师关于教的价值观念与行为方式,以及学生关于学的价值观念与行为均处于运动的、变化的、鲜活的状态之中。所以,实际的教学过程就是活的教学文化。

③传承功能。文化不是通过遗传而天生具有的,是通过学习得来的,人类精神需求的满足是由文化决定的,每种文化决定人类的精神需求如何得到满足。经过长期积淀、逐步演化而形成的各种文化模

---

① [法]埃米尔·涂尔干著,李康译,渠敬东校:《教育思想的演进》,商务印书馆2016年版,第18页。

式,为个体所提供的行为规范体系往往是内容极为丰富的知识储备与价值要求。教学文化是由显在的表现形式与隐含的支持因素两个部分组成。它们潜在地支撑并支持着教与学的行为方式。

第二节　研究方法与路径

一、研究方法

教学论的使命和宗旨是着眼于解决教学实践中的有效教与学的问题。教学论以其系统化的知识体系和逻辑的思维模式解释并规范着教学行为。教学论不是对现实课堂教学过程的全然呈现,而是从批判和审视的角度对现实教学进行本质反思和规律挖掘,并以科学的逻辑体系,以共性和"善"的诉求来表征历史的、发展着的教学应然图景,这个表征过程正是教学的科学性与教学实践的人文性结合的过程。古今中外,众多的教育家、思想家以及哲学家对教学问题进行了深刻的思考,对教学事件以及师生活动进行了细致的描述与分析。在某种意义上,教学理论的演变史就是教学文化的发展史。关于教学文化的研究路径,国内外的研究者通常从分析教学文化现象入手,采用观察法、问卷调查法、访谈法、叙事研究法等研究方法对教师和学生在教学中的生存状态和生活方式进行"深描"。这些研究方法通常包括以下几个阶段:首先,研究者对所关心的教学现象进行广泛而系统的资料与数据采集;其次,运用相关的理论分析教学现象中的核心概念以及它们之间的关系;最后,根据分析所得出的结论提出理论见解和行动建议。

二、研究路径

教学文化不仅着眼于教学经验和规律的普遍性,更着重于对经验普遍性的理性思考。实证精神和分析态度是教学论学科建设和发展的基础。尽管教学实践受很多因素的影响,但无论何时都不能否认教学思想和教学观念对教学实践的影响,缺乏理性引导的教学实践是盲目不可取的。但是,与其说他们所开展的工作是对教学文化的研究,毋宁说他们的工作是教学的文化研究,即从文化角度所开展的教学论与文化学的整合研究。在文化转型的过程中,当人们尝试着在思维方式以及行为方式上做出一些转变的时候,通常,他们会发现这一转变过程是异常艰巨的,这正反映出人们开展教学文化底蕴探究的重要性和必要性。国内外学者对此展开了广泛而深入的研究。目前,越来越多的文化学家、人类学家、哲学家、社会学家以及其他领域的学者从不同的角度、不同的层面、不同的时间和空间尺度对文化概念的界定做了极为细致而深入的探讨。由于教学和文化的双重复杂性,决定了对教学文化开展研究必须采用多学科的研究方法,即借助教育学、社会学、哲学、文化学、人类学等学科的原理与方法开展理论研究和实践探索。而更进一步的研究如利用现象解释学、符号分析学等通过编码的方式进行。我国学者对教学文化的系统研究比较晚,大多散见于教育文化学、教育社会学、教育人类学的研究中,基本上没有关于教学文化的研究专著。

第三节　本书的内容与结构

教学文化是涉及许多教育现象的复杂问题,通过研究和实践高职教育教学文化,为深化高职教育教学改革提供一种新的思路,尝试为进一步思考和研究高职教育教学文化提供一个适当的分析视角和研究框架。

在体例安排上,本书采用编和章的结构,共分三编九章,其中三编分别是教学文化概论、高职教育教学文化和高职教育新型教学文化的

构建,三编内容均贯穿与体现了教学文化推动教学改革这条逻辑主线。在编以下分章,章以下分节,具体内容如下:

第一编,教学文化概论包括教学文化的研究方法与路径、教学文化的内涵与外延、教学文化的传统与变迁等三章内容。这部分内容在对国内外学者围绕教学文化所开展的相关研究综述的基础上,提出教学文化的概念。并结合教学文化开展综述,提出教学文化的主要研究方法与路径,并使之成为研究这个命题的更为有效的工具。

第二编,高职教育教学文化包括高职教育教学文化的特征、高职教育教学文化的价值导向、高职教育教学文化的结构与要素等三章内容。这部分内容依托教学论,提出高职教育教学文化的概念,并对其特征、价值导向、结构与要素等方面展开分析,指出高职教育教学文化是一种具有鲜明特色的教育文化。

第三编,高职教育新型教学文化的构建包括高职教育新型教学文化及其重构、基于互联网背景的高职教育教学文化创新与实践、高等教育从大众化向普及化转变中的高职教育教学文化创新与实践等三章内容。这部分内容侧重于结合时代要求,探索依托高职教育新型教学文化推动教学改革的实施策略和探索创新。

第二章 教学文化的内涵与外延

第一节 教学文化的内涵

一、教学的定义

在日常经验层面上,我们都知道什么是教学,因为我们每个人都经历过许许多多的教学活动。在专业学习中,我们重新追问这个众所周知的问题,主要是为了超越个人经验,对教学进行理性的分析与概括,从而形成关于教学的科学概念。

在中外教育史上,关于"教学"一词的用法一直莫衷一是,很难定于一尊。我国学者曾对教学的各种定义进行专门的分析,总结归纳出五种类型:第一种最广义的理解,"教学等同于人的生活实践";第二种广义的理解,"教学是有计划、有目的的全面影响活动,等同于教育";第三种狭义的理解,"教学是教育的基本途径,主要是传授和学习知识技能,影响学生身心发展的教育活动";第四种更狭义的理解,"教学等同于技能训练,在俄语中有此用法";第五种具体的理解,"是指现实发生的具体的教学,如学校里每天上课"。① 美国学者史密斯在为《国际教育百科全书》所撰写的"教学定义"词条中指出,西方曾经给教学下过多种定

---

① 王策三著:《教学论稿》,人民教育出版社 1985 年版,第 88—90 页。

义:第一种定义是描述性的,教学即传授知识或技能;教学即成功是第二种定义,强调的是学习者掌握了所教的东西;第三种定义把教学视为有意进行的活动,强调教学的有目的性和明确意图;第四种定义认为教学乃规范性行为,它强调教学要遵循一定的道德规范;如此等等。[①] 由此可见,在不同时期、不同语境中,教学一词的含义和使用是不尽相同的。

从词源看,教学由"教""学"两个字组成。按照东汉时期学者许慎《说文解字》的解释,"教,上所施下所效也";学,原为敩,"觉悟也";觉悟互训。[②] 教侧重于传授和接受的行为,而学则偏重于内心的感受和所得。这样,把"教""学"两字的含义综合起来,就是传授、仿效而心有所得。在英文中,"教"常用 teaching 表示,"学"多用 learning 表示,而"教学"则常用 instruction 表示,其词源含义与中文词源基本接近。

怎样在教学论意义上给教学下个一般定义呢?这涉及定义的方法问题。一般来说,下定义常采用"种概念+属差"的方法。具体来说,首先要确定它的上位概念,即种概念,以及所处的概念系统;其次要明确它的内涵,即这个事物区别于同一系统中其他事物的属性,这就是属差;最后要划定其外延,即它包含哪些具体东西。其中,如何揭示概念的内涵是关键。依据这个思路,在此尝试给出如下定义:教学,即教师教学生认识客观世界并进而促进学生身心发展的教育活动。理解这一定义,需要重点注意如下几点:

第一,教学是教师教学生认识客观世界的活动,这是教学概念的基本内涵。教学是师生双方共同参与的活动,即教师教和学生学相统一的过程。明末清初思想家王夫之对教与学的关系有着很精辟的论

---

① 中央教育科学研究所比较教育研究室编译:《简明国际教育百科全书·教学》(下册),教育科学出版社 1990 年版,第 233—240 页。

② 臧克和、王平校订:《说文解字新订》,中华书局 2002 年版,第 205—206,571 页。

述,他说:"夫学以学夫所教,而学必非教,教以教人之学,而教必非学。"他又说:"推学者之见而广之,以引之于远大之域者,教者之事也。引教者之意而思之以反求于致此之由者,学者之事也。"用现在的话说,学就是学教师所教,教就是教人学习;教须就学者基础不断扩大其见识,学须根据教者引导而自觉思考求索。[①] 教师所教、学生所学的又是什么呢? 这就是课程,是经过选择、组织和加工了的人类文化知识,是主要以文字符号为载体的人们关于自然、社会和人本身的认识成果。教师专门教学生系统学习人类文化知识,这是教学活动区别于其他教育活动的主要特点。

第二,教学是追求和促进学生发展的活动,这是教学的基本价值规定性。教学的立足点和归宿是培养人,即丰富人的知识和技能,拓展人的能力,提升人的品格。历史上,人们提出过各种各样的教育宗旨,如君子、大儒、哲学王、绅士、自然人,可谓不一而足。虽然提法各不相同,但终归是要这样或那样地促进学生由不知向知,由不能向能,由随意向规范,由盲目向自觉转化,即促使学生身心发生积极而健康的变化,实现人的整体完善和自我升华。用专业术语来说,就是促进学生的身心发展。人的发展始终是教学的核心价值追求,教学始终是为人的成长服务的。这是教育活动的基本价值追求,也是教学活动的内在规定性。

第三,教学是教育的基本形式,是一种特殊的教育活动。教育有各种各样的形式,如游戏、社会实践、文体活动、思想训导、学生管理等,而最基本、最主要的形式则是教学。也就是说,通过文化知识的授受进而把人类文化内化为个人的思想和能力,这是培养人的基本途径,尤其是学校教育产生以后,教师教学生学文化,是学校最主要的工作。历史的发展从正反两方面表明,在学校教育中坚持以教学为中心,则教育

---

① 王策三著:《教学论稿(第二版)》,人民教育出版社 2005 年版,第 88 页。

事业发展比较顺利;反之,教育事业就会遭受巨大挫折。教学和教育是密不可分的,教学概念应放在教育大系统中来把握和理解。

第四,教学的具体形态是变化发展和丰富多样的。从外延来说,教学概念涵盖了古往今来人类所有的教学形态和教学活动,是对人类所有具体教学活动的观念反映。历史上,教学活动从无到有,从简单到复杂,从单一到多样,经历了曲折的发展过程,具有不同的历史形态。在现实生活中,不同国家、地区、民族的教学活动千差万别,不同类型学校和不同教育阶段的教学活动也各具特色。教学概念是建立在丰富多样的具体教学形态基础上的,是对教学的历史形态和现实形态的一般理论把握。

综上所述,教学乃是教师教学生学习文化知识的教育过程,是学生在教师的指导下,掌握文化知识和技能,进而发展能力、增强体质、形成思想品德的过程。

二、关于文化的定义

西方将引申来的 cultuere 一词作为不加限定词的独立概念使用,最早见于德国法学家兼外交家萨穆埃尔·普芬道夫的著作,在他看来,文化生活和精神生活基本上是同义词。人类群体最重要的表现和成就,就是创造语言。语言是作为一个群体存在基础的一致性的象征;同时,作为交流手段,又是群体生活的必要条件。各个不同民族以各种不同的语言形式表达同一种思想、同一个理念。由于文化的作用人们才得以扩大他们的权利范围;确定所有权问题,决定物品价格,处理各种权力形式所包含的附属关系等。文化是人的活动所创造的东西及有赖于人和社会生活而存在的东西的总和。

后来的学者对"文化"的认识和阐释就逐渐复杂起来。根据美国人类学家 A.L. 克罗伯和 K. 克鲁克洪的统计,1871—1951 的 80 年间,严格的文化定义就有 164 个之多。后来的法国社会心理学家 A. 莫尔新的统计资料表明,70年代以前世界文献中的文化定义已达250多个(刘进田,1988)。这本身就是值得深思的文化现象。每种观点都有自己的根据和理论背景,见仁见智,各有偏重。以下列举几种较有影响的观点:

法国人类学家C.列维斯特劳斯从行为规范和模式的角度把文化看作一组行为模式,在一定时期流行于一群人之中,并易于与其他人群之行为模式相区别,且显示出清楚的不连续性(李鹏程,2003)。

英国人类学家B.K.马林诺夫斯基在《文化论》中,把文化分为物质设备、精神文化、语言和社会组织四个方面,他对文化内部范畴的划分,为人们在文化研究中把握具体对象提供了一定的便利。苏联科学院院士尼·瓦·贡恰连科提出:"文化是人在物质和精神生产领域中进行创造性活动的总和,是这一活动的结果,是传播和使用物质和精神方面具有重大价值的东西的方式,也是人在组织人类向前发展的社会的相互关系方面所取得的成果。"按他的说法,文化既是活动过程,又是活动方式;既是活动的结果,又是职能;既是内容,又是形式;既是整体,又是部分(尼·瓦·贡恰连科,1988)。

拉尔夫·林顿(Ralphlintion)认为文化是习得行为的综合形态以及行为的结果,其内涵为某一特定社会组成分子所共享和传递。(肖川,1900)

维克多·埃尔提出:文化,就是对人进行智力、美学和道德方面的培养(维克多·埃尔,1988)。

怀特海把人所创造的象征符号看作解开文化奥秘的钥匙。人与动物的区别不在于启蒙学者所强调的理性,也不在于是政治的动物或制造工具的动物,而在于人能创造和使用象征符号。他指出:全部人类行为起源于符号的使用。正是符号才使得我们的类人猿祖先转变为人,并使他们成为人类。人类行为是符号行为;反之,符号行为是人类行为。符号乃是人类特有的领域(莱斯利·A.怀特海,1988)。

《大不列颠百科全书》中将文化定义为"人类知识、信仰和行为的整体"。在这一定义上,文化包括语言、思想、信仰、风俗习惯、禁忌、法规、制度、工具、技术、艺术品、礼仪、仪式及其他有关成分。[①]

美国学者克罗伯和克鲁克洪于 1951 年在对收集到的一百多种文化定义进行分析和总结的基础上,发表了《文化概念:一个重要概念的回顾》一文,对文化概念提出了新的定义:文化存在于思想、情感和起反应的各种业已模式化了的方式当中,通过各种符号可以获得并传播它。另外,文化构成了人类群体各有特色的成就,这些成就包括他们创造的各种具体形式。文化基本核心由两部分组成:一是传统(即从历史上得到的选择)的思想;一是与他们有关的价值。进而指出,文化是历史上所创造的生存式样的系统,既包含显性式样,又包含隐性式样;它们具有为整个群体共享的倾向,或是在一定时期中为群体的特定部分所共享。(刘进田,1988)克鲁克洪还用近 27 页的篇幅设法将文化依次界定为:(1)一个民族生活方式的总和;(2)个人从群体那里得到的社会遗产;(3)一种思维、情感和信仰的方式;(4)一种对行为的抽象;(5)就人类学家而言,是一种关于一群人的实际行为方式的理论;(6)一个汇集了学识的宝库;(7)一组对反复出现的问题的标准化认知取向;(8)习得行为;(9)一种对行为进行规范性调控的机制;(10)一套调整与外界环境及他人关系的技术;(11)一种历史的积淀物。两位学者的观点在文化学家、社会学家和人类学家中产生了广泛影响,为多数学者所接受。

给文化下定义是困难的。所有对文化的解释,似乎都只说出了文化的一部分,更多未曾涉及的方面,则成为人们进一步探索的空间。给文化下定义之所以难,是因为"文化"是一个具有高度概括性的词语,它自身限度很少却有很大范围的解释力度,就是说,它似乎可以解释一

---

① 词条"culture",参见"The New Encyclopedia Britannica" Volume 3,第 784 页。

17

切。任何界定无疑是给自己套上枷锁,使解释的范围缩小。如用分析哲学来审视,这些定义也是漏洞百出。这里面有语言的不完善性,也有研究者的局限性。每个试图对文化做出界定的人,只是为了某种研究的需要才对之加以界定,研究者的理论视角和由生活世界得来的知识与经验,决定了他对各种关系的认识和对世界的意义建构。文化的阐释就是这种意义建构。能够获得更多认同的文化解释,一定是有更为丰富的意义关联而较少限制的定义,解释所使用的词句越少,就越具有广度、深度和普遍性。这在逻辑上不过是一个内涵与外延的关系问题,而从更高的哲学意义上来看,这是一个认识世界的方法论问题,有待更为深入的探讨。鉴于教学文化的立论基础必须建立在对文化的理解之上,所以这里对"文化"概念暂做这样的表述:

文化是人类社会按照与自然和谐一致的方式由简单到复杂、由低级到高级的演进过程。这个过程不断化生出在精神、物质、制度、习惯等方面具有相对稳定形态的结构与秩序,它们被赋予符号意义并获得生命的功能,在不断变化的时空环境中,以自我复制和自我更新的方式发展。对这个表述的进一步解释如下:

其一,与自然和谐一致,是人类文化的终极价值追求。人的本质力量的对象化即"人化自然",与自然化人,是同一过程的两个方面。人类文化所创造的精神和物质形态,与自然根本法则保持一致才能存在并被传承,违反自然根本法则就必然被自然所毁灭。换句话说,只有依自然之"文"而化成的"人"的世界,才会为自然所存留,从而才会成为文明。譬如:科学与知识,目的在于认识自然的复杂性,把握真实世界的脉络;政治上的公平与正义也须依据自然的本质;艺术是追求与自然和谐一致的美;经济的开发和利用要考虑背离自然的增长极限;宗教使人们相信,善待地球上一切生灵并放弃穷奢极欲的物质追求是最高目的所要求的;习俗则是将"与四时合其序"的生活及行为方式化民成俗;教育则帮助人后天习得上述种种作为"类的存在物"的"人"所必需的知识和能力,等等。

其二,文化是一个过程,就是说,一切都在生成之中。"文化"就其"化"的本义来说,就是发展变化。这是一个发生学意义的理解。就文化的主体来说,它创造了文化,文化也在创造着主体自身。我们可以从"音乐的耳朵"和"审美的眼睛"这些词语中,体会文化是怎样塑造了人。从这个意义上来说,文化发挥着一种选择作用,它使那些符合生命根本法则的形态得到保存并得以发展。人创造了精神和物质财富,也同时被精神和物质形态的创造物所改变。对技术的依赖导致人的形体和能力的改变就是实例。文化的现实,包含以往所有的创造,也指向未来的发展。所有现存的文化形态,都是由以往的文化传承来的,这是一个连续的没有断点的过程。没有天上掉下来的文化,而已有的,也会以不断地变化获得适应性生存。稳定形态是相对的,变化是绝对的。

其三,文化的创造物包括作为"类"的存在物的人自身,都具有符号意义,它们负载着文化的价值追求,昭示着人的世界与自然的各种关系。符号化的文化创造物又参与到文化过程本身,影响着文化前进的方向。如泰勒(Edward Teller)等所提到的"知识、信仰、艺术、道德、法律、习俗和个人作为社会成员所必需的其他能力及习惯"等,都属于文化过程的创造物,它们都是文化过程在某个阶段形成的相对稳定形态,并不是自"人之初"就有的。它们被先前的文化过程所创造,又以符号化功能影响未来的过程。

其四,文化过程形成了从个体直到人类社会整体的多种不同层次的结构与秩序。在每一种层次上,相互作用的各种要素间,关系和谐则可由小到大、由弱到强,自发形成更大的结构与秩序,不和谐则解体与重组。

最后,文化系统的生命特征是理解文化的关键。"文化基因""文化生境""复制"与"更新"等生命机制是解释文化传承、文化传播与文化变迁的核心概念。文化之所以有连续性、特定时空环境中的整体性和适应性,都是生命力的体现。"化生"这一概念中包含着可以用"自组织原理"来解释的运作机制。这是从广义上来认识的文化概念,本书以下章节中的"文化"概念阐述的都是一定语境中的意义,探讨的具体问题只是文化的某个方面,可以认为是狭义的"文化",所有语境中的文化都与这个作为整体的文化有着本质的意义关联。

三、教学文化的概念界定

由于教学本身的复杂性和众所周知的文化的歧义性,人们对于教学文化的理解有差异是很自然的。也许有人会指出,既然我们要研究教学文化,就应该搞清楚教学文化是什么。本书认为也许就是这种惯性的思维方式会直接妨碍教学文化研究的深入,甚至遗忘,乃至难以说明教学文化研究的意义和价值。如果我们对教学文化没有切实的感受,对教学文化没有深刻的体验,我们又凭什么来确定教学文化是什么? 我们只能采取一种简单逻辑推演的方式,甚至采取一种想当然的方式。而采用这种方式,即使我们确定了教学文化是什么,恐怕也难以增进对教学文化的认识,可能还不清楚教学文化研究的意义何在。然而,教学文化不应被看作是一种概念,也不应被当作一种供参考的原则,而是我们研究教学问题总体的一种方式。

教学文化是大学在长期教学活动中形成的具有历史延续性与现实再生产性的精神生态。大学教学文化的传统模式贯穿着传承知识思想的知识本位价值和重视道德素养的人本位价值。现代模式则贯穿着重视科技知识创新和应用的知识本位价值,追求个性、创造性与实践性的人本位价值,重视社会和市场需要的社会本位价值。[①]

"教学文化"(cultures of teaching)一词首次出现在 1986 年美国教

---

① 别敦荣,李家新,韦莉娜:《大学教学文化概念、模式与创新》,《高等教育研究》,2015 年第 1 期。

育研究协会出版的《美国教学手册》(第 3 版)中,该书将"教学文化"列为专门一章予以阐述,"教学文化"是指涉及教师的信念和知识是如何塑造其教学模式的一类研究。显然,它并非专指教育人类学的研究,而是表征教学研究视角的转向,即关注教师的主观世界。最早对"教学文化"下定义的是费曼·内姆瑟和福楼顿(Feiman-Nemser & Floden),他们认为教学文化是教师们共享的信念和知识——信念是教师关于工作的"正确"方式,以及对教学回报的看法;知识是指教师从事教学工作的方法。[①] 由于文化研究的复杂性和抽象性,他们从三个方面对教学文化进行了描述:(1)教师的社会互动规范,主要指与学生、同事、领导、家长之间的互动遵循什么样的规则和期待;(2)教师对教学回报的看法,教学回报分为内部刺激和外部奖励,教师如何看待教学回报涉及教师赋予教学工作的意义;(3)教师的实践性知识,实践性知识是教师在日常教学中信奉和运用的知识,主要体现为默会性知识。

教育社会学研究中的教学文化,最早由美国社会学家华勒(W. Waller)于 1932 年在《教学社会学》一书中提出,主要用于指涉学校教育中教师群体的教学方式、风格与价值观。自 1986 年美国教育研究协会出版的《教学研究手册》(第 3 版)将"教学文化"列为专门一章予以阐述以来,欧美学者对教学文化的研究日渐增多,研究范式也日趋多样,但在基本的概念阐释上仍大体延续了此前的界定方式,即将教学文化视为教师群体主观世界的体现,以指称教师群体的思维方式与行为方式。例如,加拿大学者哈格里夫斯(Andy Hargereaves)将教学文化视为教师群体的信仰、价值观、习惯和假定的行为方式。[②]

这种传统定义方法通常从文化的本质出发,将阐释的焦点集中于

---

① Feiman-Nemser S. & Floden R. E.. The cultures of teaching[A]. M. C. Wittrick. Handbook of Research on Teaching(3rd edition)[C]. New York :Macmillan ,1986. 508.

② 鲍同梅:《试论个人主义教学文化》,《扬州大学学报(高教研究版)》,2014 年第 1 期,第 60 页。

文化主体的"集体特质"或"内在性格"上,将教学文化等同于或近乎等同于教学主体教师的内在信念及其思维与行为方式。目前国内学者对大学教学文化的主流解释,也主要沿用或借用了这种阐发方式,如有学者将教学文化定义为:教师在教学中形成的语言行为、习惯化思维与价值观;教师群体共享的关于教学价值观念体系及其相应的行为方式;教师和学生在课堂教学过程中所表现出来的关于教与学的信念、理念、行为方式及支持性要素等。

尽管这种基于社会学、文化学的界定方法基本符合人们对文化的一般理解,但从本质上来看,这种定义方法并没有准确地揭示大学教学文化与大学、大学教学之间的内在规定性。首先,这种定义方法在一定程度上模糊了教学文化的主体。在上述定义中,学者无一例外地将教学文化看作是教师个体或群体所具有的某些特质,毫无疑问,教学文化与教师有着不可分割的联系,但如果教学文化只是教师的某些特质的话,为什么教师对教学文化的变迁往往表现得既无所作为,又无可奈何呢? 唯一可能的解释就是,在教师之外,还有更具影响力的主体对教学文化有着主导性的作用。我们认为,教学文化的主体是大学。在大学的概念下,教师、学生、教辅人员、教学管理人员、学校领导等主体都包含在其中并发挥着各自的作用。作为文化主体的"大学"并不完全等同于作为自然存在的"大学",后者仅仅是一般意义上的社会机构或学术组织,是一种实体层面的社会存在,而前者则是具有某种独立价值追求的人类群体,是一种抽象层面的理念存在。这也就意味着,作为文化主体的"大学"实际上是不可化约的,其在本质上是一个具有外部独立性与内部统一性的价值主体,虽然大学教学在现实中确实由教师、学生等具体的教学主体参与并实施,但大学教学文化所反映的显然不仅仅是这些具体教学主体的价值观、信念或行为,还应该是"大学"这一抽象主体本身的教学价值追求与价值导向。其次,这种定义方法在某种程度上疏离了教学文化与其载体之间的关系。从本源上讲,大学是一种自中世纪产生并延续至今的人类组织,大学教学是一种随大学产生而出现、随大学发展而演进的人类活动,不仅具有明显的历史性,甚至具有不可抗拒的永恒性。因此,"大学教学文化"不仅是一个共时性的概念,还是一个历时性的概念。从历史源流的角度来看,大学教学文化并不是在朝夕之间突然出现的,也并非由某种外部势力所强行造就,而是大学在漫长的教学史中逐渐形成、自然演变的。由此可知,今天的大学教学文化有着深刻的历史渊源与文化积淀。从历史承续的角度来看,大学教学文化具有一种再生产功能,能够为大学教学的具体实施与开展提供路径指示与精神养料,使大学教学能够按照既定的路径持续运行下去。追寻教学文化的意义,最彻底的办法当然是置身于教学活动之中,但快捷的方法则是首先看看关于教学文化人们都有哪些认识。在我国,对于教学文化的学术关注也就是近年来的事情,在为数不多的研究文献中,我们可以看到关于教学文化的一些看法。

李秀萍认为,教学文化是教师和学生作为集体主体在教学互动中构建的,属于师生集体的生活方式。教学文化是教师及学生构成的集体所产生的集体主体文化,是集体主体价值观的直接体现。[①]

龚波认为,教学文化可以理解为在教学情境中,师生基于教与学的接触、交流、对话等活动过程而呈现出来的文化形态,如师生地位、师生互动的文化意蕴、学习方式、思维方式的文化透视等。[②]

刘庆昌认为,文化是现代社会的一个重要话题,它是一种视野,为人类自身的反思和人类内部的对话与纷争提供了一个精神的场所。人类的各项事业都能被纳入文化的范围进行审视,从而也能被赋予各种各样的文化的意义。在教育文化的概念下,教学文化是一个亚文化

---

① 李秀萍:《教学文化:师生生活方式的构建及呈现》,《天津市教科院学报》,2006 年第 4 期,第 48—50 页。

② 龚波:《课程改革呼唤教学文化的转型:从接受到批判》,《教育情报参考》,2005 年第 12 期,第 29—31 页。

概念,但因教学之于教育的主导地位,教学文化事实上成为教育文化的核心内容。透过教学文化,我们基本上可以了解到具体时代、具体地域的教育文化的存在状态。[①]

有一种习惯的认识是:教学的基本职能是传递人类的文化,进而以文化化人。在这样的理解中,教学分明成了文化的通道,教学文化中的"文化"显然不是指行走在教学过程中的知识性文化。还有一种习惯的认识是:教学是发生在一定的社会文化背景之中的事件。在这样的理解中,文化分明成了包裹在教学周围的一种环境性、生态性因素。顺此逻辑,人们很自然地会把教学文化理解为教学活动所在的背景和环境,也就是把教学文化看作是教学的文化环境和文化生态问题了。进而教学和教学文化就成了主题和背景的关系,教学文化就外在于教学了。

从学理上讲,教学文化概念的凸现,基本上是人们从文化的意义上看待教学的结果,而不是寻求教学周围所存在的文化的结果。教学文化的思想形态,当然就是教师和学生作为集体主体在教学互动中构建的生活方式,或者说是由长期受相似支配和限制的教师群体中的信仰、价值观、习惯和假定的行为方式构成。但是,若要说教学文化的现实形态,也就是处于具体社会文化背景下的教学活动本身。进一步讲,教学文化是教学生活过程及与之有机成为一体的教学生态环境的整体。

澄清教学文化概念,理解教学文化内涵是研究教学文化的逻辑起点。由于文化概念本身的模糊、复杂和人们对教学理解的多元化,造成了教学文化的内涵充满多义性,令人难以捉摸。而现实的教学文化生活又要求我们必须在共同的话语平台上使用教学文化概念,对教学文

---

① 刘庆昌:《教学文化的意义探寻》,《山西大学学报(哲学社会科学版)》,2008 年第 2 期,第 73—77 页。

化内涵做精致的解读,达成内涵和意义的共识,以便更加严谨地阐释教学文化现象,分析教学文化本质,指导教学文化实践。要全面地厘清教学文化的内涵,必然涉及教学文化构建的主体与目的、方式与中介、过程与结果,因为这些因素是我们认识教学文化内涵不可或缺的构件。基于这些构成要素,教学文化是指教学主体为了解放个性、完善人格、陶冶情操,促进教学主体知情意行和谐发展,加速个体社会化进程,持续提升教与学的品质,而以表意符号或象征符号为中介,在社会文化的规范和影响下,通过师师之间、师生之间和生生之间在教学交往互动过程中多向交流建构起来的教学生活方式,它是教学主体集体文化生成过程与生成结果的辩证统一,是集体协商的结果,这些过程与结果内化、凝聚、沉淀为教学主体相对稳定的文化心理结构,形成了包含持久的价值观念、思想信仰、行为方式和习俗制度在内的整体性有机系统。

本书认为教学文化实际上就是处于具体时代和具体地域的教学活动本身,就其性质来讲,教学文化是超越具体学科、具体个人的一种公共性的教学存在形态,是教学生活过程及与之有机成为一体的教学生态环境的整体,解读教学文化的内涵,我们可以发现它包含以下四个意义层次:

首先,教学文化的目的是提高教学质量,增强人的全面自由的发展,促进个体的社会化和自我实现,以使教学主体在智力结构、意志品德、伦理意识和审美心理等方面达到至真、至纯、至善、至美的境界。教学本身即文化,"教学的主旨即在探究存在于生活中的文化现象,以便彰显与揭露其中的文化范型(cultural patterns),使学生能顺利地完成'文化建构'(cultural construction)的活动。因此,教学即文化的探究(teaching as cultural inquiry)(Flinders,1991)"。[①] 教学作为文化的探

---

① 单文经编著:《教学引论》,上海科技教育出版社 2003 年版,第 18 页。

究,作为人的文化存在和生存方式之一,必然自发或自为地孕育教学文化,必然要关照人的内心世界和精神成长,必然要以社会进步为自身的历史使命。教学文化的核心是"人",它的目的在于唤醒人们对知识的渴望、对高尚情感的追求、对美的创造,在于擢拔人生的意义和价值,在于实现自我超越,为达成"天下大同"的理想世界尽一份责任。

其次,教学文化内涵阐明了教学文化建构主体的构成。教学文化建构的主体是由教师和学生在共同信仰和价值观基础上组成的教学文化共同体,处于共同体中的每一个个体都有相似的教学信念、价值取向、兴趣和类似的心理模式与行为方式。但按照共同体内部成员之间的关系可以构成几种不同的教学文化模型,包括教师之间的教学文化建构、学生之间的教学文化建构和师生之间的教学文化建构。这里值得一提的是教师之间的教学文化建构容易被我们忽视,教师不仅不是空着脑袋走进教室(教师必须与文本互动形成个体的教学文化),也不只是带着个体的教学文化走进教室,当他在集体备课或与其他教师质疑问难、交流心得的时候,就已经形成了教师之间的教学文化,他会将他人有益的教学文化吸收内化,并在教学实践中自觉或不自觉地流露。

再次,它蕴含着教学文化建构的方式与中介。根据哈贝马斯的观点,文化是以象征媒介(符号)为中介进行表征的,教学文化正是在社会文化的背景下,以表意符号或象征符号为中介,通过教学主体的交往实践行为而形成的教学生活方式,它是教学主体集体文化生成过程与生成结果的辩证统一。因为教学文化的生成、存在与发展是一个历史的时间性和现实的空间性并存的关系存在,它将人类已有的文明成果与教学生活的过程和谐地建构在一起,将人类历史文化中的价值、规范、传统、行为方式、思维结晶加以对象化,内化为教学主体自身的文化因子,并在现实的教学活动和社会实践中以崭新的面貌显现。在这种建构过程中,教学主体在集体协商的基础上形成教学文化共同体,在交往互动中对教学生活和人类文化成果达成共识,达成理解,集体赋义,并经过持续的内化、凝聚,积淀为教学主体相对稳定的文化心理结构。

最后,它有机整合了教学文化的构成要素。教学文化内含教学的思想信仰、价值取向、行为方式和习俗制度。教学文化思潮是时代文化精华的映射,它直接影响着教学思想和教学价值取向,而教学思想信仰是人们基于特定时代、特定地域、特定的文化境遇所秉持的理性精神和教学的目的、价值、理想与信念,集中反映了教学的认识倾向,它决定了教学的价值观念、文化心理、思维方向和教学的行为模式等。教学思想的正确与否关涉能否形成开放、民主、反思性的教学文化。教学的价值取向表明教学是价值负载的文化活动,它是教学文化的核心要素,是教学思想信仰的表现,并随教学文化的发展而发展,它通过教学的行为与心理活动得以呈现,指引着教学活动的发展方向。教学行为是师生生命的文化存在方式,是教学文化的外显状态,它蕴含着教学的思维方式和价值倾向,是教学文化的行为表征,某种教学文化在教学实践中总是对应着相应的教学行为,呈现出具体时代、具体地域和具体境遇中独特的师生交流互动的教学生活方式。教学的行为方式也必须遵循教学的习俗制度,这些习俗制度规范和引导着教学生活方式,成为教学文化的自然的有机构件。

四、教学文化的性质

理解教学文化的性质主要从以下几个方面着手:第一,研究课堂教学的结构组织、群体组织和文化组织;第二,研究教学的符号标记和活动仪式;第三,研究各种课堂群体(师生、生生之间)共处时所产生的互动方式;第四,研究学生参与和关注教学活动的课堂文化问题;第五,研究影响教学文化形成的因素;等等。

（一）教学文化是一种特殊的社会文化活动

教学活动总发生在具体的社会历史背景之下，因而，社会文化在教学过程中必然会刻下深深的印记。如果社会是一个机体，教育其实就是它的一个器官，这个器官和整个机体自然是不同的，但它们中间会流动着同样的文化血液，从而可以说，教学文化和社会文化是相通的。

教学活动是在一定的社会文化环境中进行的，任何教学活动都不可能不受社会文化环境的影响和制约。可以说，我们都是带着一定的社会文化环境的"印迹"参与到教学活动中来的。既然任何教学活动都孕育于一定的社会文化环境之中，那么，社会文化环境对于教学活动来说就具有某种前提预设性。社会文化环境在很大程度上决定着教学活动的价值取向，左右着教学活动的内容乃至教学方式和方法的选择，这已为许多国内外学者的研究所证实。苏联学者达尼洛夫在其《教学过程》一文中曾指出："社会的客观要求——生产、技术、科学、文化、社会关系的进步——对教学的历史发展有决定性的影响。只是由于社会文化环境通常是以内在的、不知不觉的、潜移默化的方式制约和规范着教学活动，我们沉浸其中缺乏自识和自觉而已。"所以，教学活动不是自在自足的。我们只能从现实的社会文化环境出发思考教学，而不能把别的地方当作起点。不了解这一点，我们就很难深刻地了解当前教学活动的处境及其基本样式，也就无法按照布鲁纳所要求的，利用既定的文化模式去达到教学的目的。当下的社会文化环境潜涵着我们的文化传统，文化传统都不是以"过去"的方式存在的，而是以现时态的方式存住的，不是存在过去，而是存在于现代中，存在于我们的教学行为方式和教学思维方式之中，存在于我们的教学实践状态和精神状态之中。离开了文化传统，我们的教学就成了无本之木、无源之水。在教育史上，第斯多惠曾明确地提出了教学的"文化适应性原则"。他指出:"在教学时,我们必须注意人在其中诞生和将来生活所在的地点和时间条件。应该注意就其广泛和包罗万象的意义来说的全部现代文化。"如果说教学适应自然是决定一般的"人类陶冶"的重要原则的话,那么,教学适应文化则是决定"国民陶冶"的重要原则。只有充分认识和理解社会文化环境对教学活动的影响和制约,才可能在日常的教学生活和教学改革的过程中多一些理性少一些冲动,从而克服激进主义的倾向、心念和行为。①

辩证地看,教学文化在自身发展的过程中会为社会文化做出独特的贡献,而社会文化也会决定教学文化的样式。但是,由于教学文化对社会文化的贡献是一个反哺的过程,具逆向特征,速度慢,力量小,所以,相对而言,教学文化和社会文化的相通,主要为社会文化对教学文化的影响提供了前提。

社会文化是一个由知识、信仰、艺术、道德、法律、风俗等多要素组成的复合整体,应该说,它的每一个要素都会对教学文化产生具体的影响,不过,其中的一些要素对教学文化的影响更具有决定性质。此类要素有主流价值观、人际伦理规则、关于教育的知识等等。主流的价值观是一个时期内在大众中流行的、占主导地位的价值追求,它会直接制约教育过程的实际价值旨归。比如,功利主义的价值观在我国目前相当多的人中占据着主导地位,这便决定了无论是学校里学生的家长,还是教育行政部门的领导,都会把可见的、短近的效果作为衡量学校教育教学成败的指标。

社会文化的所有要素都会对教学文化发挥作用,但关键的要素就是以上所述之主流价值观、人际伦理规则、关于教育的知识等几个要素。此外,我们也不能轻视教学文化对于社会文化的贡献。教师和学

---

① 徐继存:《教学文化:一种体验教学总体问题的方式》,《教育研究》,2008 年第 4 期,第 47 页。

生,在知识的传授和接受中互动交往,长此以往,必然会形成一些文化人的习性和品质。当他们走出课堂,走出学校,进入家庭和社区,不可能不对家庭和社区的人们产生一种文化的示范作用。实际上,我国有些地区的文化底蕴深厚,尊重知识,从根源上讲,基本上是因为知识分子有相当的数量和相当的影响。我们经常会说到某人有些"书生气"。试想,如果有书生气的人多了,一个地域的社会生活方式不也得发生相应的变化吗?这完全可以理解为教学文化对社会文化的间接影响。

(二)教学文化是一种活动的文化

教学是指教的人指导学的人以一定文化为对象进行学习的活动。[①] 也就是说教学是师生双边或多边的课堂实践活动,而这种活动中体现的不仅是一种信息的传递、知识的增长、认知的进步和能力的提高,还是一种情感的陶冶与态度、价值观和信念的影响。不同的信念、态度和价值观,其课堂活动可以完全不一样。因此,教学文化不应该用同一的视角和观点来思考,而应该扎根于师生的活动和从属于这个课堂中集体的文化。教学文化与具体课堂实践活动是分不开的,因为无论是教师还是学生,需要对自己所要完成的任务有充分的理解,同时又必须通过自己所要扮演的角色表现其文化的差异,而这种差异往往又是与颇具特色的具体教学活动联系在一起的。例如,以教师为中心的课堂活动与以学生为中心的课堂活动就表现出不同的教学文化。以学生为中心的教学文化强调学生把自己的知识、技能、态度、情感、价值观带进课堂,并获得大家的关注和认同;而教师需要有意识地了解学生的家庭、社区文化、学生常用的语言等,并把这些信息结合到教学中(如讲述他们的故事并设法与教学内容结合起来)。因为学生的话语常常表达了多种意图或声音。在学生的叙述和争论中,他们表达

---

① 黄甫全、王嘉毅:《课程与教学论》,高等教育出版社 2005 年版,第 88—89 页。

的不仅具有科学内涵,而且也有社会内涵。前者反映出学生所提供论据支持他们的论点,后者则说明学生把自己作为某特定群体中的人来讨论(如有道德的、值得信赖的、诚实的等)。因此,教师要意识到,学生从上学的那一天起,就把自己的需要、经验、信念、理解、思维方式、为人处世习惯以及其他文化特征带进课堂,并且在课堂学习活动中不断建构赋予自己意义的知识。教学文化是在教学主体活动的面对面中习得的,在无意中学会的,在交流中形成的,如教学语言、行为、习惯的形成等。因此,我们是采用学习的方式还是习得方式掌握语言,就会形成不同的文化风格,自然教学的效果也就大不一样,如习得的语言更方便灵活运用,而学习的语言更有利于考试。因此,以学生为中心的教学活动与以知识为中心的教学活动各自演绎着不同的教学文化,以学生为中心的教学文化虽然可以培养学生的探究精神、合作意识、归纳推理和解决问题的能力,但并不一定有助于学生获得立足社会的知识和技能,而这些知识和技能的掌握还得有赖于以知识为中心的教学活动。后者的目的不仅为了教给学生一套基本的普适性知识和通用型技能,还为他们将来具有成功者或专家型的思维方式和解决问题能力奠定基础。因此,这种教学文化的作用在于让学生学习一套组织得很好的知识,有助于他们在今后的学习和工作中进行有条不紊的思考和解决问题。

真正的知识中心教学文化强调学生理解学习对象的意义,设法通过解码赋予新信息意义,要求学生使用逻辑的方法对新知识加以整理,帮助他们学会反思,质疑现存的问题,超越原来的学科界限,从跨学科的视野进行学习。如对待数学课程的教学,这种文化批判传统的数学教学过分拘泥于按照一套固定的程式计算和推演结果,整个过程局限在某种思维的方式而没有为创造性思维、猜想、探究、发现留有发展的空间,没有真正满足学生发展的需要。而相应的对策是使学生在理解的前提下学习,鼓励他们寻找数学的意义,如"发展性建模"就是对策之一。这种策略从学生已有的非常规想法开始，使他们逐渐看清这些想法是如何得到转换和建模的，并以此为基础，最后学会以结构化的方式去建构这门学科的概念、原理、规则、方法以至整个知识体系。学生能否在不同层次概念、原理、规则之间穿梭迂回，建立相关的联系，主要取决于问题情境以及所涉及的数学知识（如有人研究证明，一个简单的数学应用题甚至会涉及五种知识）。而真正落实这种教学文化有效的途径之一就是设置"学习场景"，鼓励学生学会在不同环境中生存，如向周围的世界学习，了解什么样的资源可以利用，认识如何利用这些资源才会让自己的活动变得既富有成效又充满乐趣。当然这种教学文化也面临一个难题，就是怎样在为理解而设计的教学活动与为提高技能的熟练程度而设计的活动之间保持平衡。

还有一种典型的教学文化就是以评价为中心的教学文化。这种文化认为课堂活动应该包括设计、教学、评价等重要环节，而评价的意义在于提供反馈和回顾的机会，使评价的内容与教学目标一致。不同的教学文化在评价的方式上也有不同的取向。有的只使用终结性评价（即主要测量学生在某些学习活动结束时已经学到了什么）；有的不仅使用终结性评价，也强调形成性评价（即经常在课堂情景中将评价作为改进教学、反馈信息的来源和手段）。前者试图对学习结果进行测量，对试卷、作业、练习、作文等打分，当学生知道自己的分数之后，其教学又转向另一学科或主题的学习，整天为考试成绩而忙碌；后者强调将在教学过程中所观察的结果反馈给学生或老师，并理解其包含的意义，可以通过讨论、论文、测验观察等途径推测和判断他们思维的发展水平或状况。学生只有在学习某个主题或单元时能够利用反馈来提高或修正他们自己的思维，反馈才显得更有价值，才能真正提高学生的学习质量和增加迁移的可能性。形成性评价可以有多种评价方式，如理解性评价和档案袋评价等。当然，这种教学文化也面临这样一个难题：如何把学习与评价联系起来，真正实现能够评估学生的推理、理解、解决复杂问题等能力的目标。可见,教学文化是一种活动文化,它促使师生分享资源、传递信息、理解知识、发展能力或生成新知识。

(三)教学文化是一种关系的文化

教学这种活动中体现着一种班级组织成员之间的集体生活方式和课堂学习模式。[①] 在一个较长时间形成的班级组织里,教学活动必然会导致一定教学集体的师生关系,并使他们的教育背景、学习信念、社会态度、娱乐活动、伦理法则和思维方式形成一定的关系。这种关系往往表现出如下一些特点:第一,具有独特的交流方式和班级话语;第二,形成特有的心路历程和学习氛围;第三,产生共同的信念和态度;第四,拥有一致的价值观和规范;第五,对自我、时空的感受或意识相对比较接近;第六,行为方式和习惯感受的趋同性;第七,对奖惩制度及其他规章认识和接纳的共同性,等等。

在某种教学主体之间的关系中,会体现某种集体的期望,如重视竞争和个人成绩的班级文化,就容易引导这个集体认同一种强调认知活动、互为对手和相对独立的学习关系;而重视合作和集体荣誉的班级文化,就会重视师生及同学之间的合作互助关系,关注学习共同体的形成,强调班集体成员之间的相互鼓励与共同追求,建立一种共同进取、荣辱共担的学习关系。

教学文化是一种关系的文化,它通过一定的活动使课堂内外的师生、生生之间建立关系,营造了教学主体与环境之间的关系,还体现着教的活动与学的活动之间的互动关系,同时也反映了教学情境中时代变迁与教学者和学习者的关系。

---

① Fielstein L, Phelps P:《教学导论(影印版)》,中国轻工业出版社 2005 年版,第 46—47 页。

（四）教学文化是一种显性与隐性交融的文化

教学文化是一种显性与隐性交融的文化，它在传道、授业、解惑的同时，也传承、改造或创新了文化，如价值观、信念、思想、思维方式和个性习惯。教师不仅要传递某一课程的信息、知识，还要思考以什么样的途径、方式、策略和方法才能最为恰当地真正影响学生，在什么层面上能够打动和影响学生。[①] 教师对自己的教学觉得满意、令学生获得满分、让家长也感到满足的时候，并不意味着学生一定学得很好，理解得很深，发展得很好。也许这正是一种"作业＝读书＝学习＝求知"的"急功近利"教学文化的体现。可见，显性教学表现出来的结果，不一定能够真正反映隐性的文化品质，如所谓"书不尽言，言不尽意，意不尽理"就是这个道理。但教学的理念、价值观需要通过教学的语言、课程、氛围反映出来，如某位教师的教学究竟是传递知识、应试，还是培养能力、发展素质或者教书育人，可以通过这位教师的语言、行为、活动以及态度来判断。因此，高明的教师，往往善于以书论言，以术证理，以言说意，以理悟道，使自己的教学对学习者更有意义，使学生学习到更加有趣的、真实的、重要的、相关的、有价值和建设性的东西，使他们产生探究的冲动、求知的需要、质疑的好奇心以及强烈的个人责任感和社会使命感。教学没有教育性，没有灵魂，就会导致一代人人文精神的缺失，从而导致国民素质的下降，甚至国家民族的灾难。

一个社会的传统能否传承，思维方式能否延续，价值观能否演进，往往由教师群体与学生群体的关系所决定，亲其师而信其道，实际上就是关系文化的一个缩影。师生关系以及教师与家长、社区、校长、教育行政部门的关系，都会在他们之间是对抗还是支持、竞争还是合作、

---

① Maehr M L, Midgley C. Transforming School Cutures[M]. Boulger：Westview Press. 1996：(preface)，xi-xii.

单打独斗还是互相依赖、单向获益还是互惠共赢,反映出一个截然不同的结果。也许会有人把师生关系是等级的、控制的、约束的、专制的、单向指令的,还是平等的、授权的、疏导的、开放的、民主的、设身处地地为对方着想的,作为区分传统与现代关系文化的分水岭。一个理解教育教学规律的教师,会是一个善喻的教师,一个真正把"道而弗牵,强而弗抑,开而弗达"的思想落实到教学实践的行家。这种教师与学生善结人缘,考虑学生的需要、条件以及发展的阶段和学习特征,在给学生"面子"的同时,也实现教学的认知、情感和行为等方面的目标,使学生获得智力、精神、社会和身体方面的发展。

教学的这种显性与隐性交融的文化,还表现在社会群体的影响与个体心理的变化之作用,语言与非语言影响的功能,教学工作与教育事业的目标是否一致、同步、和谐,教学实践中的科学教育与认为教育的统一等方面。它不仅可以导致学习者所获得的显性知识和隐性知识的比例和程度不同,思维水平高低的迥异,还会造成学生其他素质发展方向和水平上的差异。这种截然不同结果的例子,不仅可以从东西方的课堂里找到,还可以从以培养素质为目标的名校与以追求应试成绩为取向的一般学校中印证。①

由此可见,教学文化是一种持久成形的教学传统、教学思维方式、教学价值观念和教学行为习惯的类型或范式,是一种教学背景下教学者和学习者的课堂生活方式。它往往包含了与教学有关的知识、信念、价值观、艺术和道德等内容和要素。在这种文化中,正是因为有了教,才有特色;正是因为有了学,才有灵魂。

---

① Oakes J, Lipton M. Teaching to Change the World[M]. Boston: McGraw—Hill Companies, Inc. 1999 : 328-329.

第二节　教学文化的外延

对教学文化的认识,不能只满足于封闭的自洽性,必须有动态性、开放性,在一个无限发展的过程中寻求永恒的意义。教学文化的外延,指的是教学文化各种各样的存在方式。同文化一样,首先可以从三个层面来认识:一是精神层面,包括教学理念、教学思想、观念和意识形态等,这是教学文化中的核心和价值系统,它无处不在,是教育世界的灵魂;二是物质层面,包括运用于教学场景的所有物质设备,以及作为教学文化过程的结果,凝聚着教学文化之灵魂的创造物,如校园、建筑、雕塑、园林等;三是制度层面,包括两个方面,一类是教学活动的规范、规则,各种制度、章程、奖惩条例等,另一类是行为方式和习惯。从场域来看,不同形式还可以表现为校园文化、班级文化、课堂文化等。从主体来看,有教师文化、学生文化等。从内容来看,有课程文化、专业文化、学科文化等。另外,还可以从层次、过程、阶层等不同的角度来认识教育文化的不同形式。每种形式与其他形式间都有鲜明的特征可以辨别。无论形式有多么复杂和多样化,都是本质在各个不同的时空环境中的展开。教学文化的联系范畴,包括作为一个整体的内部各组成要素之间的联系,如教学与文化的联系和精神、物质、制度之间的意义关联等;还有系统发育的历史与逻辑联系,如演化过程、历史传统与现代的联系及不同系统之间的联系等。本书从教师文化、课堂文化、学生文化和课程文化着手研究教学文化的外延。为什么选择这几种教学文化的存在方式? 主要是因为这几种是教学文化的核心组成部分,也是现阶段学术界研究的主流方向,如果能够厘清这几种亚文化与教学文化之间的关系,那么教学文化的研究拓展就能达到更高的层次、更深的领域。

一、教师文化

20 世纪 60 年代以来,受现象学和诠释学的影响,美国的教育研究者开始探讨教师的主观世界。早在 1973 年,美国教育学家罗蒂(Lortie)就提醒人们注意教师研究中"残余的缺口(odd gap)"——关于教师主观世界的研究很少,也就是说教师的观念是缺席的。[①] 罗蒂认为,由于对教师工作的熟悉而习以为常,我们变得迟钝起来,减少了对教师如何看待自己和职业生活的好奇。这使得在教师教学改革中,听不到教师的声音,他们只是作为上行下效的执行者。《美国教学手册》将教学研究视角转向教师的信念和知识是如何形成塑造其教学模式领域,即教学研究要关注教师的主观世界。

对作为学校亚文化的教师文化的研究,同样有很多学者习惯于从其内容方面来展开。我国学者一般倾向于认为,教师文化是教师在教育教学活动中形成与发展起来的价值观念和行为方式,它包括教师的信念、价值体系、行为模式三个层次,这三个层次的内容构成了教师文化的统一体。[②]这种教师文化定义明确指出学校的教学文化对教师专业知识的塑造、教学动机、工作满意度以及继续从教意愿产生明显影响。教师文化是作为教师这一职业群体而言所具有的共有的观念与行为,是教师群体在共同的学校教育环境里,在教育教学活动中形成与发展起来的价值观念和行为方式。

大学教师发展是大学教师与生态环境因素相互协调的结果。教师的生态是教师生存和工作的状态,包括教师与教师之间的关系、教师与学生之间的关系、教师与自然环境的关系、教师与人文环境的关

[①]　Lortie ,D. School teacher[M]. Chicago ;University of Chicago Press ,1975. 490.

[②]　邓涛、鲍传友:《教师文化的重新理解与建构——哈格里夫斯的教师文化观述评》,《外国教育研究》,2005 年第 8 期,第 7 页。

系。总之,教师发展生态涵盖了与教师发展相关的所有环境因素,这些环境因素相互影响、相互促进,与生态主体即大学教师共同构成教师发展的整个生态系统,其中一种因素的改变必然引起其他环境因素的变化。大学教学文化作为教师发展生态系统的子环境,其发展必然对教师发展生态环境产生一定的影响。

孤立的个人主义教学文化会导致教师处于孤立状态,不利于他们的专业成长。在个人主义的教学文化中,学校校长和其他教师不重视教师培养,甚至表现出漠视的态度,在这种氛围中,教师难以应对日常教学中的压力和困难,容易产生焦虑和挫败感,并形成自闭性的行为和观念,严重的甚至放弃教职。

一般来说,合作性的教学文化能够帮助新教师顺利度过入职期的种种压力和挑战,学会教学,进而认同学校倡导的价值观。维斯(Weiss)在美国的研究发现,教师在合作型的教学文化中参与决策最能鼓舞其士气,激发强烈的责任感,并愿意留在教学岗位。[①]

威廉姆斯(Williams)与同事对教学文化的类型与教师成就之间的关系进行了研究,结果发现:学校存在三种类型的教学文化,即个人主义的、人为合作的以及自发性合作的文化,其中,教师的成功与合作性文化之间存在显著相关的关系。[②] 但需要警惕两种类型的伪合作性教学文化。其一,学校虽然提倡合作性文化,也建构了相应的制度体系,但是,在教学实际中教师与同事的专业互动较少,以一种孤独的方式

---

① Weiss, E. M. & Weiss, S. G.. Beginning Teacher Induction : ERIC Digest [R]. Washington, DC : ERIC Clearinghouse on Teaching and Teacher Education,1999.

② Williams, A., Prestage, S. & Bedward, J.. Individualism to collaboration : the significance of teacher culture to the induction of newly qualified teachers[J]. Journal of Education for Teaching,2001,27(3): 253-267.

学习教学、形成自我概念。[①]　其二,学校虽然为教师营造了一种合作性的文化,这些教师也倾向于与同事进行紧密合作,但他们在课堂上却践行着孤独主义的文化,以自我为核心,不与学生协同合作。[②]

教师文化基于教师的信念,由内而外展现,最终落实在教师的专业态度和教育教学行为上。教师行为是教师信念与教师态度的动态表现,是衡量教师文化建设成效的标尺,也是学校精神与价值观的折射。教师的行为包括语言运用、教学方法使用、情感表达、师生互动、同事交往等,可以概括为教学行为、育人行为、专业发展行为,体现出教师对职责履行的态度。教师文化构建须把握信念、态度和行为的相互关系,致力于转变教师教学行为,更新教学理念,提升教学质量。可见教师文化最重要的功能是赋予教学文化的实质精华。

教学文化研究的伊始,学术界将教学文化主体限定于教师的活动与思想世界,主要研究作为教育主体的教师在课堂教学过程中的行为、思想及情感世界。简言之,最初的教学文化研究是建立在教师文化的研究基础之上的,教师文化是教学文化的根与魂,甚至在某些学者眼中,教学文化是教师文化的一个组成部分。

本书认为教学的主体包括教师与学生,教学文化必然是师生互动的文化,而许多学者认为教学文化是教师文化的一个组成部分,俨然是对教学主体双方的割裂,我们认为教师文化的形成是教师作为教育者在课堂教学、课程设计、文化育人、德化育人所形成的职业价值观与道德意识观。教师文化概念与教学文化概念不能混为一谈,教师文化的发展不仅依靠教学过程的推动,还要依靠教师责任意识、学校育人

[①]　De Lima ,Jorge Avila. Trained for Isolation :the impact of departmental cultures on student teachers' views and practices of collaboration[J]. Journal of Education for Teaching,2003 ,29(3):197-217.

[②]　Corrie ,L.. Facilitating newly qualified teachers' growth as collaborative practitioners [J]. Asia-Pacific Journalof Teacher Education,2000 ,28(2):111-121.

环境、社会评价氛围等主观和客观因素,所以教学文化的形成,是教师文化发展到现代社会阶段的必然产物,而教学文化是教师文化改革与创新的重要动力,两者相辅相成、密不可分。

二、课堂文化

在世界范围内,许多不同时代的有识之士在思索教育问题的时候,都先后涉及了课堂文化的异化问题,并提出了各自的主张。17世纪捷克教育家夸美纽斯(Johann Amos Comenius)认为,课堂里充满了"喧嚣、厌恶和无益的劳苦",缺少"闲暇、快乐和坚实的进步"。① 17世纪英国著名哲学家、教育家洛克(John Locke)反对把孩子送进当时学校里,主张对孩子的教育应该在家庭中进行,接受以培养能干、事业型、开拓型的人才为目标的绅士教育。② 18世纪的法国启蒙思想家、哲学家、教育思想家卢梭(Jean Jacques Rousseau)更是对孩子们在学校里、在课堂中所接受的教育深恶痛绝,"出自造物主之手的东西,都是好的,而一到了人的手里,就全变坏了"③,便是他对当时的学校教育和课堂生活的强烈控诉,主张砸碎强加给儿童的精神枷锁,以大自然为课堂,让儿童接受自然主义教育。19世纪的英国近代教育理论家斯宾塞认为,"(学校)教育既不会使人变得更道德,也不会使他更幸福;它既不能改变他的本能,也不能改变他天生的热情,而且有时——只要进行不良的引导即可——害处远大于好处。"④20世纪,美国实用主义教育理论的创始人杜威(John Dewey)在芝加哥大学创办"杜威学校",提倡实用主义教育,这与他认识到儿童在当时学校教育中的地位和处境有关。

---

① [捷]夸美纽斯著,傅任敢译:《大教学论》,教育科学出版社1999年版,第2页。
② 顾明远主编:《教育大辞典》(上),上海教育出版社1998年版,第1034页。
③ [法]卢梭著,李平沤译:《爱弥尔 论教育》(上卷),人民教育出版社2001年版,第1页。
④ [法]勒庞著,冯克利译:《乌合之众:大众心理研究》,广西师范大学出版社2007年版,第102页。

　　课堂文化是由课堂教学中的规范、价值、信仰和表意象征符号所构成的复合体。[①] 课堂文化是一种聚合化的文化。课堂文化在构成上，体现出多元聚合的特征，教学文化、教师文化、学生文化、课程文化、制度文化等各种文化，在课堂中交会，它们之间既有交叉，又有独立；既有冲突，又有认同。它们之间并不是一种松散的聚合，而是紧紧围绕着培养目标展开的。

　　关于课堂文化与教学文化之间关系的研究，诸多研究都表明双方之间的影响是交互的，教学文化是课堂文化的基石，决定课堂文化的形态。1984年，美国教学督导和课程研究协会的《有效的学校和课堂：以研究为基础的视野》出版，稍后两年，美国学者多伊尔的《教学管理手册》出版。这些著作的作者认为：为了让学生在课堂教学过程中有效地学习，并取得好成绩，教师必须能够控制学生的行为、拥有所任教的学科知识、了解学生的社会背景和为课堂教学活动做好充分准备。此外，这些著作还研究了影响学生学习的各种因素，认为：有效的课堂管理和良好的课堂文化，是影响学生学习的重要因素，教师在课堂管理中起主导作用；教师的教学风格、师生之间的课堂交流、教师是否善于倾听学生发言、师生和生生关系、班级规章制度、教师对学生的评价等因素，对能否形成良好的课堂文化具有重要作用。

　　一般来说，文化往往被理解为与相对稳定的环境有关的生活方式。而教学实践常常是在一个相对固定的环境下进行的，这个环境我们称为课堂。而课堂是由一定数量的师生构成的，有一定的课堂风气和氛围。各人之间构成了一定的社会关系以及相互接纳的情感和把自己融入这个集体与否的意愿。因此，课堂本身也是一种营造班级文化的环境，在这个环境中，每个成员都扮演一定的角色，遵循一定的规范，确立共同追求的愿景，形成一定相互影响的氛围。这种氛围也许是

---

① 王铁群、张世波：《论社会学视野观照下的课堂文化》，《教育科学》2003年第4期。

看不见摸不着的东西,但经过这种氛围浸润的学生,会有这个课堂影响而成的本色。这种课堂实际上就是一种文化、一种传统,或多或少会在学生心里留下印迹,教学的力量主要是通过这种环境或氛围来改变学生的。

只有在课堂环境里,教学活动才能开展,教师才能通过一定的方式,分配活动的角色和责任,制定恰当的规则,利用教学的资源和教具。如课堂组织就是一种文化的体现:如何摆放桌椅,采用什么样的教学方式,如何使用课程资源和教学方法,等等,不仅反映一个民族、一个地方的教学特色,也反映了某个教师自己的教学理念和个人风格。如在教室里的桌椅究竟是秧田式排列,还是按照马蹄型、新月形、方形、圆形、模块形排列,可能取决于一个地方的传统,也可能有赖于教师的教学观念。[①]

一个好的教学文化意味着课堂变得更为安全、有趣、充满活力并富有挑战性;意味着给予教学者和学习者一种积极的期望、热情、鼓励、责任感、认同、肯定、成功的机会以及促使他们萌生源源不断的创意;意味着帮助学生发展积极的学习态度、价值观和自我概念。而一种坏的教学文化,则使教学者提不起教学的兴趣和激情,体验到的不是教育的成功、智慧和幸福,而是无奈、艰辛和挫折;使学生尝到的不是求知的乐趣、成功的喜悦和关爱的情怀,而是学习的枯燥、无味、痛苦、自卑和失望。可见,教学文化是一种课堂文化,它是师生教学实践赖以展开的前提、背景和氛围。

三、学生文化

学生文化在本质上是一种复杂的学校亚文化系统,它以学生群体

---

① 施良方、崔允漷:《教学理论:课堂教学的原理、策略与研究》,华东师范大学出版社 1999 年版,第 18—165 页。

为载体,包含了一定的意义系统、表达方式和生活风尚,代表了青少年儿童世界的经验,反映了年轻一代特有的社会文化倾向,与占主导地位的学校文化相对应,在学校系统中处于从属地位。作为一种独特形态的学校亚文化系统,一方面它不同于他种文化,尤其是教学文化、学校文化等主流文化,在价值体系、行为方式上都具有重要的自在性、特殊性。正如科尔曼指出的那样:"独立的亚文化恰恰生存在成年人的眼前——使用他们自己的语言,有特殊的象征物,尤其重要的是有他们自己的价值观念,这些使他们从庞大的社会的既定目标的轨道上脱离而步入歧途。"①另一方面,学生亚文化虽然在某些方面有别于学校主流文化,但它毕竟是在学校主流文化的基础上发展起来的,它们之间虽然相异,但并不完全排斥、冲突,在一定程度上学生文化与学校主流文化相互联系,"和平共处",甚至相互作用,互相促进。

教师和学生是教学文化的文化主体,教师文化、学生文化和师生关系,是教学文化的重要内容,充分实现教学的功能,使教学活动富有成效,是重建教学文化的重要目标。学生是学校中一个特殊的群体,虽然他们受学校主流文化的影响,但是,由于学生身心发展的特定需要,他们在日常交往、学习、娱乐过程中相互作用、相互影响,从而形成自己独有的价值观念、行为规范,从而体现出学生独特的文化特征,这就是学生文化。即学生群体在日常生活中(学校、家庭、社会)所形成的独特的行为规范和价值观念的总和。本书中的"学生文化"指的是在学校课堂教学活动中,学生作为教学活动中的主体,参与构建课堂教学活动中所形成的价值观念和行为规范。

人是文化的主体,也是文化的对象;人是教育的主体,也是教育的对象。学生是教育活动的主体,这在当前教育界已经是毋庸置疑的共识。学生是教育活动的主体,突出地表现在教育对学生主体性的培养。

---

① [加]布雷克:《越轨青年文化比较》,北京理工大学出版社 1989 年版。

教育最本质的精神在于教育对人的生命、意义、体验和创造的关怀。教育要实现对人的生命、意义、价值的关怀这一目标,缺少了教育的文化功能这一目标是不可能实现的。因此,教育应该重视它的文化功能对学生主体性的塑造和培养,使学生的主体性也能在教育文化中得到培育和发展。教学文化活动关注学生主体性的培育和发展,落实到教学活动最具体的单位,就是在教学文化活动中重视学生主体性的培育和发展。学生作为课堂教学活动的主体,这只是学生主体性发挥的外在行为表现,指导、操控学生主体性行为的内在心理机制是学生主体的内在人格自我。因此,通过教学文化活动培育和发展学生的主体性,应该深入学生主体的人格自我层面。人的人格自我这种精神层面的塑造和培养,只有通过文化的作用才能完成。因此,课堂教学中学生主体的人格自我层面的塑造与培养任务就责无旁贷地由教学文化来承担。个体的人格自我只有通过与文化的交流互动才能达成自身的完善与发展,课堂教学中学生的主体性也才能在教学文化活动中得到发展与完善。

课堂中要培育和完善学生的主体性首先应该承认学生主体的精神世界的存在,这正是文化和主体的人格自我活动的共在领域,是培育和完善学生主体的人格自我及主体性的主要活动场所。教学文化的生成及其中主体性的培育需要主体的人格自我的参与,只有人格自我的参与,教学文化的生成及主体性的培育才有发生的可能。课堂教学中的文化活动应该以学生主体的人格自我为核心,这样,主体的人格自我、主体性才能在课堂文化的学习、整合过程中得到培育和发展。教学文化活动过程中,只有学生主体的人格自我参与其中,教学文化才真正体现学生主体性的文化,学生的主体性也才能在课堂文化中得到发展和完善。

教学文化作为学生文化构建的重要载体,必须实现六个方面的关注:关注学生的生活世界,打通学生书本世界和生活世界之间的界限;

关注学生的生命价值,给学生以主动探索、自主支配的时间和空间;关注学生的生存方式,构建民主、平等、合作的师生关系;关注学生的心理世界,创设对学生有挑战性的问题或问题情景;关注学生独有的文化,增加师生之间以及生生之间多维有效的互动,关注学生的生活状态,打破单一的集体教学的组织形式。

四、课程文化

对于课程与教学之间的关系,由于两者词义上的模糊,中外专家的不同认识,也由于文化传统,特别是教育传统的影响,至今仍未有比较一致的见解。我国教育学学者多数持"大教学小课程"观点,他们认为教学是上位概念,课程是包含于其中的,只是教学的一个组成部分而已。这种看法的突出代表,要算是苏联的一些教育学著作了,我国当今的一些教育学、教学论著作,也持有同样的观点。在这种对课程与教学的理解中,课程往往是教学内容的代名词,属于教学的一部分;课程也往往被具体化为教学计划、教学大纲和教科书这样三部分。

学校课程文化显然不是"课程＋文化"或"文化＋课程",既不是"课程"与"文化"两个词及含义的黏合,也不是这两个词的简单搪塞,它是一种具有自身质的规定性的文化形态,是一种教育学化与人学化的文化,是课程在运行过程中所蕴含并显现出来的文化特质。它包括课程和文化这两个概念内在的共同本质,是人们在学校课程实施过程中,通过长期积淀而成的,不只表现为课程意识、课程思想、课程价值等内隐的意识形态,还表现为人类在漫长的进程中所创造的课程设施、课程制度、课程政策以及课程行为等外显的文化形态,是课程主体在运行过程中所蕴含并呈现出来的文化特质。按照现代课程论的观点,课程的内容、范围都不局限在学校,学校课程文化是整个课程文化的一部分。

根据文化基本构成的普遍观点,课程文化大体上包括三个方面:

课程物质文化、课程制度文化和课程精神文化。这是一种广义上的课程文化概念，其中课程物质文化，主要是指课程付诸实施的客观物质条件和必要前提，它通常是以形象化的形式出现，诸如各种教材、教学多媒体、校园、校舍等。本书认为，校园、校舍、校貌等又可具体界定为一种潜在的课程物质文化，它对学生身心发展和人格健全形成潜移默化的影响，同时，潜在的课程文化会与正式的正规的课程文化一道，积极推进学校课程育人目标的实现。课程制度文化，主要是指各级教育行政部门制定的相关政策、法律法规以及一系列课程教学规范和指导标准等，诸如《中华人民共和国义务教育法》《中华人民共和国教师法》《基础教育课程改革纲要（试行）》以及《课程标准》等，旨在给课程的科学运行提供制度保障和执行规范。这两方面的文化，可以视为课程文化的外层，也是课程改革、课程文化形成与建设的外因和客观基础。而课程文化的内核和精髓，则体现在课程的精神文化方面。精神文化是课程文化的本质所在。精神文化与人的本质具有统一性。从文化本体论上说，有价值、有意义的文化现象世界，是人的价值意识的本原。人的本质的实现在很大程度上取决于人的文化创造，尤其是精神文化的创造更能凸显并表征人的本质的重要与灵性和智性的可贵。同时，文化是特定人群的本质的对象化，文化的本质作用在于以人文精神教化大众，所谓"观乎人文，以化成天下"（《易·贲》）。① 本书认为，课程的精神文化，是一种狭义的课程文化概念。这种狭义的课程文化概念，主要是指特定的学校教育主体（校长、教师和学生）所应有的卓越高远的治学理念、德才兼备的人才价值取向、认真与求真的科学态度、实践与创新的探究精神、富有真善美的人文素养以及文化自觉的意识与能力等。这种精神文化，对个人来说，是人面对纷繁复杂世界的主心骨和从

---

① 徐永初、信力建、郑杰：《学校文化问答录》，《全球教育展望》，2005 年第 3 期，第 19—24 页。

事实践活动的指示器;对课程设计来说,是课程观和人才观应当考虑的主导价值取向;对学校来说,是学校成熟发展、提高育人品位的深厚底蕴和灵魂,也是学校品牌建设的核心。

课程文化居于教学文化的核心层。这是因为学校教学功能的发挥是基于"课程"来实现的,课程文化决定着教学文化的主题。在国内依然是学科中心的课程中,尽管"知识"是组成学科的主要内容,但是,各种先进的课程理念,如"课程即经验""课程即对话""课程促进发展""课程即社会关系的再生产"等,无一不渗透于各学科教学中,最后又通过学科共性表现出来。各学科课程目标、原则、实施手段、考评准则以及学校课程整体的目标、规范、价值、考评原则等,构成了课程文化的支撑空间。教学文化系统的制度文化、环境文化、交际文化,一部分同"课程文化"重叠,形成规则、规范、价值观等潜在作用的隐性文化,一部分形成显在文化,以明眼可见的方式作用于教学文化整体。

长期以来,我国的基础教育课程与教学深受苏联凯洛夫教学理论的影响,建立了知识载体(教材)、知识传授者(教师)、知识传授地(课堂)的绝对权威,形成了课程与教学的"三中心主义",即"教材中心""教师中心""课堂中心",其实质是反映了统一化、标准化、齐步走的工业化大生产的文化。在这种思想指导下,认为课程是刚性的、预设的、制度化的东西,而教学则是对课程设计的忠实执行,强调严格的秩序和严格的控制,教学在封闭的学校和课堂情境中进行,总体上处于与现实生活和现实社会相脱节的状态。这样的课程与教学,完全可以用"刚性""静态""封闭"来描述其文化特征。现代课程文化提倡一种弹性的、动态的、开放的课程与教学品格,提倡超越"权威主义"和"普遍主义",形成"合作""对话""创新"的课程文化价值取向。提倡合作、对话与创新的文化取向,意味着对教学和课程的新的理解。真正意义上的学习,是一个师生合作的过程,既是教师向学生传授知识的过程,也是学生主动学习的过程;教学不仅需要单向的讲授,更需要师生之间积极的对话,在对话中实现知识建构与内化,实现主动发展;教学不仅是知识的传授和传承,也是一个个体知识的更新、增长和创造的过程,而教学创新能够实现更好的知识传授和传承。提倡合作、对话与创新,不是反对权威而是超越权威,要求教师转变教学角色,成为学生主动学习的指导者、帮助者和合作者,并不否认教师在教学过程中的地位和作用,而是更强调师生之间在平等基础上的合作,更强调合作过程中知识的有效建构,更强调通过合作、对话、创新形成学生积极学习的意愿,主动学习的习惯,不断学习的能力、批判和创新的精神。不是否认普遍而客观的知识效用,更不是否认教材作为知识载体的作用,而是使学生在掌握知识的过程中理解知识的意义和价值,成为知识的主人而不是知识的奴隶,既尊重知识又具有批判意识、创新精神和实践能力。

课程与教学创新的文化取向,鲜明地体现在使师生拥有了课程与教学的自主权和创新权。教师拥有课程与教学的自主权,意味着他可以根据课程标准和教学计划,根据学生现有发展水平和教学实际,选择教学进度、教学方式、教学组织、教学方法等;教师拥有课程与教学的开发权,意味着他有充分的权利对教材进行选择、取舍和组织,增加新的教学资源,组织学生开发学习资源,每一位教师都可以根据学校的统一规划开设校本课程;教师拥有课程与教学的创造权,意味着他有表现自己的教学个性、教学风格和教学创造的权利。学校课程文化的批判与建构:学生在课程与教学中也应拥有自主的选择权,他可以根据自己的兴趣、特长和爱好,选择学习内容和课程;每一个学生都应有平等的课程参与权,可以表达自己的意见和看法,哪怕这种看法和意见与教科书完全不同,都可以表达。在课堂与教室中学生有犯错误的权利;课程与教学需要教师的创造,更需要学生的创造,教师的创造是为了引发学生的创造,精彩的课堂教学常常是学生创造性地表达自己的观点和意见的过程。中国的大学需要创造的文化取向,课程教学也需要创造的文化取向,而新课程正在致力于培育和形成创造的文化取向。

第三章　教学文化的传统与变迁

　　教学文化是一个新鲜的名词,也是新兴的教育研究领域。但教学是一项古老的活动,从诸子百家到洋务运动,从古希腊到文艺复兴,中西方都诞生过一批又一批的思想家和教育家。他们或许不曾以今天所谓"科学"的思维与方式去研究教学,去分析或建构什么是教学目的、教学方法抑或教学手段,但他们却是实实在在的教学实践者,是教学改革的"先驱"。他们对教学规律充满探究精神,对教学方法有着丰富的经验,对教学理念有着深邃的洞见,其中所体现的内涵让他们成为当前教学文化传统的"奠基人"。

　　因此,通过历史的视野去把握、梳理教学文化的传统积淀与变迁脉络,有助于进一步认识、理解今天教学的意义与价值,并能为更好地推动今后教学理念与实践的发展提供一面面生动的"镜子"。本章内容试图打开一扇历史的窗门,从时间的维度分类归纳教学文化的传统及其变迁,并从比较教学论的视角,展现中外教学文化的演进历程中或相似,或别具一格的"风景"。

第一节　教学文化的传统

　　传统的教学文化本是丰富多彩的,为了更好地归类与总结并使重点更加突出,我们在概括时,主要遵循了两条标准:一是该种教学文化在历史长河中曾在广泛的区域和较长时段内占据主体或主导地位并体现为群体化的行为方式;二是该种教学文化对今天乃至今后教学文化的沿革有着深远的影响。

当然,作为观念和生活方式凝结体的文化是一个十分庞杂的系统,教学文化同样如此。为了对教学文化的脉络有更为清晰的厘定,笔者借鉴有关文化的结构分析方法,将从三个相互关联的层次去梳理教学文化的传统:一是教学活动背后所隐含的有关于教学的思想、观念和价值观;二是教学过程中所运用的具体方法,包括如何开展教学组织,如何筛选教学内容,如何提高教学效率,如何评价学业以及在何种制度或机制下开展教学;三是器物层面,比如教学活动采用的教学工具、技术,以及教学环境的营造等。其中,涉及教学文化的价值导向的第一层次将作为主要切入点进行展开。

(一)培养完美的人:古希腊古典人文主义教学文化和先秦古典儒家的教学文化

1."哲学王"与"君子"。无论是古希腊,还是先秦,无论是希腊"三杰",还是儒家"三圣人",它那些大教育家都是大思想家、大哲学家甚至大文学家,同时往往也都是贵族出身,至少也是不愁吃穿的"有闲阶层"。在他们的认识中,世俗生活中的种种功利企图不是真正的教学目的——真正的教学目的是培养理想的人或者完美的人——虽然后世的教育家"从现实的各种需求出发对古典教育进行批判与重构,但古典教育家的人文精神、学习理想似乎仍然是无法抹除的"①。这个影响十分深远,哪怕是当代的教育家,培养出"理想的人""完美的人"依旧是他们心中不懈追求的"教育理想"。

当然,同样是理想的人,在古希腊和先秦却有不同的表述,他们分别是"哲学王"和"君子"。古希腊人热爱获得知识,探究自然现象,但从

---

① 徐斌艳,等:《学习文化与教学设计》,教育科学出版社 2012 年版,第 10 页。

苏格拉底开始发生了转向。苏格拉底认为单纯的知识获得、自然奥秘的揭示无助于人性完善,最好的方式是"认识你自己"——即对自己的灵魂不断进行拷问,在面对各种情境时如何做到正义,这个过程没有尽头——这样的追求,到了柏拉图的《理想国》一书中,有了一个完美的典型,那就是"哲学王"——一种具备高度智慧,完全符合理性,"秉性和气质类似于神一样的人,由于其品性高贵,不谋私利,因此由其充任政治体制的统治者是最合适不过的"[①]。在柏拉图看来,"哲学王"的培养需要遵循一定的规律:在年少时,应学习力所能及的哲学功课;逐渐长大成人时,主要加强身体素质,为哲学研究准备好体力条件;随着年龄的增长,当灵魂开始达到成熟阶段时,他们应该加强对心灵的锻炼;当年老体衰时,就不再适合于政治军事工作,应当让他们自在逍遥,只从事哲学研究。而在中国古典儒家那里,孔子几乎所有涉及教学目标和理想人格的表述,孔子都以"君子"来代称。君子指的是那些具备各种美德和遵守礼仪的人,具备"仁"的高贵品质,比如:己所不欲,勿施于人;文质彬彬,然后君子;君子喻于义,小人喻于利;等等。君子人格特点是:志于道,据于德,依于仁,游于艺。孔子认为,"修己成仁"是一个痛苦曲折的过程,但他仍然坚信"人能弘道"。相比"成仁"而言,"成圣"则是更高、更富理想气质的目标,也就是"修己以安百姓""博施于民而能济众"。这就含有一种强烈的社会关怀和人文情怀——这种"修己成仁""内圣外王"的理念也成为之后两千年中国知识追求理想的政治、人生道路的基石。从这个角度来说,"君子"与"哲学王"相比,似乎更像一个道德模范,而后者更像是一个"智者"——这样的不同取向,对东西方后续两千多年的教育产生了深远的影响。

2.苏格拉底"产婆术"与孔子"启发艺术"。孔子(公元前551年—公元前479年)和苏格拉底(公元前469年—公元前399年)是东、西方

---

① 薛军:《"哲学王"的双重隐喻》,《读书》,2010年第12期,第65页。

教育文明源头上两位最早的大教育家。无独有偶,两者都选择了以对话法为主要的教学方法,但仔细比较,又有较大的差异。苏格拉底的母亲是助产婆,所以他把他的教学方法归纳为"产婆术",我们可以通过他的学生色诺芬所撰写的《回忆苏格拉底》中的一个例子来了解"产婆术"的特点:

苏:"能否区别正义与非正义!"尤(苏戴莫斯):"能够。"苏:"虚伪属于正义还是非正义? 欺骗、偷窃、奴役人属于正义还是非正义?"尤:"非正义。"苏:"奴役非正义的敌人、欺骗敌人、偷窃敌人的东西,也属于非正义么?"尤:"不是。"苏:"是不是可以这样归纳:虚伪、欺骗用在敌人身上属于正义行为,用在朋友身上属于非正义行为!"尤:"对。"苏:"假如在士气消沉时谎称援军来了,儿子生病不肯服药时父亲骗他把药当饭给他吃,这些行为是正义的还是非正义的?"尤:"是正义的。"苏:"你是说,就连朋友也不是在无论什么情况下都应坦率行事吗?"尤:"的确不是,如果你准许的话,我宁愿收回我已经说过的话。"

我们再来看看《论语》中的两段师生对话:

樊迟问仁。子曰:"仁者先难而后获。"又问仁。子曰:"爱人。"再问仁。子曰:"居处恭,执事敬,与人忠。"

颜渊问仁。子曰:"克己复礼为仁。一日克己复礼,天下归仁焉。为仁由己,而由人乎哉?"颜渊曰:"请问其目。"子曰:"非礼勿视,非礼勿听,非礼勿言,非礼勿动。"颜渊曰:"回虽不敏,请事斯语矣。"

"孔子和苏格拉底在与弟子的对话教学中绝不得理气盛,讽刺打击学生,而是采取平等、激励的态度"[①]。孔子会给不同的弟子不同的答案,会因材施教;同时,问题的答案更多在具体生活中,并强调要在实践中"举一而反三";并且,从《论语》中的记载来看,"在孔门师生86次

---

① 张传燧:《孔子与苏格拉底对话教学法:比较文化视角》,《教师教育研究》,2006年第11期,第64页。

对话情境中,生问师答为 65 次,占 75.6%;师问生答为 21 次,占 24.4%"①——由此可见,学生的主动提问占据了多数。苏格拉底则是在他认为学生"无知"或自相矛盾的时候开始追问、引导的,重在通过揭露学生认识上的矛盾、去伪存真地把存在于学生内心的真理或正确答案引发出来,即引导学生通过分析、归纳与综合等思维方法,独自发现内在与自己心中的结论。所以教师的任务不是发现和传播真理,而是要做一名"知识的产婆","把存在于学生内心的知识导引出来,成为学生的实际知识与技能"②。

虽然苏格拉底和孔子都采用对话法,反对向学生强制性的灌输知识,但在对话的推进过程上,却有十分值得玩味的差别。那就是苏格拉底更强调一种从具体到抽象的思维过程,而孔子似乎更强调一种从抽象到具体的实践过程。苏格拉底与学生对话中使用反问更多,而孔子更多的是直接回答。这些教学方法上的细微差别或许也是中西方人思维差别的一面镜子。

3. 学园与稷下学宫。公元前 387 年,柏拉图在雅典郊外购置了一块土地,办起了一所学校,名叫"阿卡德米"(Academy),人们习惯上称之为"柏拉图学园"。今天的高校的"学院"就是源自"阿卡德米"这个词。在中国战国时期的齐国,几乎同时出现了"稷下学宫"(据说由齐国统治者创建于齐威工初年,公元 356 前—320 前年),聚集了当时诸多学派学者,成为一个议学、议政的活动中心。它和"柏拉图学园"分别代表着东西方在那个时代里的高等学府,它们不仅是师者传道授业的自由道场,也是古代思想学术繁荣的缩影,更是东西方文明发展的精神光源。

---

① 陈桂生:《孔子"启发"艺术与苏格拉底"产婆术"比较》,《华东师范大学学报(教育科学版)》,2001 年第 1 期,第 13 页。

② 田本娜:《外国教学思想史》,人民教育出版社 2001 年版,第 20 页。

虽然学园与稷下学宫,前者为私人办学、后者为官方办学,但在功能与特点上有着诸多相似之处。第一,在学园和稷下学宫里,对话、讨论和演讲成为主要的教学形式,稷下学宫几场著名的辩论俨然已经成为不朽的话题,如王霸之辩、义利之辩、天人之辩、人性善恶之辩等;第二,两者都有自由自治的传统。在稷下学宫,师生来去自由,师者还可以自由择徒,随处讲学;学生也可以学无常师,广泛求学。在学园,学生可以质疑教师的权威,柏拉图的学生亚里士多德就曾经高喊:吾爱吾师,吾更爱真理。第三,两者都具有丰富的办学功能。学园与稷下学宫都在培养人才的同时,还广泛进行学术研究并拥有咨政议政的功能,俨然具备了现代大学功能的雏形。

当然,仔细对比学园与稷下学宫的教学内容和价值取向,也会发现以下的区别:一是对自然科学的重视程度有差别,在"学园",不仅开展哲学、政治、法律等方面的教学,对自然科学尤为重视,学园的大门上就赫然写着"不懂几何者不得入内",数学在教学中的地位十分之高,还对动物学、植物学、地理学、天文学进行了初步的系统分类研究。而在稷下学宫,教学内容主要集中于道德和政治领域,对数学、天文、地理等自然科学涉及甚少。二是实用主义与人本主义的差别。"稷下学宫对齐国政府有较强的依赖,它始终贯彻着'实用主义'的主张。稷下师生本着一种务实的态度,崇尚'经世致用',政治思想能够为君主所采纳是其治学目的。相比而言,在不受政府控制的柏拉图学园里,'道德'以及呼吁全体民众自身素质的提高是思想家们所追求的,这是人本主义的最初体现。稷下学宫与柏拉图学园在实用主义与人本主义方面的差异造成了东西方文明发展脉络的不同"①。

4.四科与六艺。在今天,哈佛、斯坦福等世界名校推行"博雅教育"

---

① 刘莉:《轴心时代的东西方高等学府——稷下学宫与柏拉图学园之比较》,《教育与教学研究》,2012年第9期,第28页。

(Liberal Arts education)的经验已经广为其他高校所赞赏和借鉴。事实上,东西方都有着悠久的"博雅教育"传统。"博雅教育"的核心理念为"基础性""普适性"与"内在价值",这些理念都要通过具体课程来体现——在古希腊是"四科",在中国古代是"六艺"。

柏拉图在教育史上第一次提出了"四科"(算术、几何、天文、音乐),其后便成了古希腊课程体系的主干和源头,支配了欧洲的中等与高等教育达 1500 年之久。至于学习"四艺"的意义,柏拉图给予了深刻的论证和说明。在初级阶段,学习"四艺"的目的主要在于了解和掌握各门学科本身的科学知识,并把这些知识尽可能地运用于军人的实战训练。比如学习算术是为了"调兵列阵""布置军队"、计算船只等;学习几何是"事关安营扎寨,划分地段,以及作战和行军中排列纵队、横队以及其他各种队形"。[①] 在高级阶段,学习"四艺"的目的就不同了。如学习算术是为了使灵魂转向"理念世界",认识"真理和最高的善理念";"几何学是认识永恒事物的",学习它"能把灵魂引向真理"。[②]

而在中国春秋战国时期,无论是官学还是私学,都是以"六艺"为基本课程的,即"礼、乐、射、御、书、数","六艺"不仅是古人生存发展的需要,也是从事祭祀等宗教活动的需要,六艺中的"乐""御"和"射"在当时的生产和战争中都是必不可少的。

无论是"四科"还是"六艺",都是比较完整的课程体系,也都是由独立而又相互联系的科目组成的,涵盖人的发展的各个方面,是倡导人的和谐发展的教育,可以说是一种"博雅教育";并且两者同时与生活、战争等实际紧密相关,体现了教育的个体与社会的多重价值。

---

① 柏拉图:《理想国》,商务印书馆 1986 年版,第 290 页。
② 柏拉图:《理想国》,商务印书馆 1986 年版,第 288—289 页。

(二)统治者的工具:西方中世纪的教学文化与中国封建社会的教学文化

1. 神的仆人与学而优则仕。教堂的钟声和骑士的马蹄声谱就了欧洲中世纪教育的主旋律;而"学而优则仕"是中国封建社会教育的主要目的。欧洲自公元476年西罗马帝国灭亡,开始进入封建时代。西方历史学家把从西罗马帝国衰落到文艺复兴的一千多年间称为中世纪。中世纪的特征首先是文化教育衰落,宗教信徒更是利用其政治、经济的统治地位,否定古代文明。同时,中世纪的文化教育本身就充满了神学的性质。神职人员担任了各类学校的老师,教会垄断了知识教育权,教育本身带有强烈的宗教性,当然教育的目的也就只能是培养神的仆人了。

"学而优则仕"语出《论语》,学习之余还有余力或者闲暇,就去做官,以更好地推行仁政。在中国两千多年的封建社会历史中,特别是自隋唐确立科举制度之后,"学而优则仕"几乎成为读书人心中的"律令",使得科举制度与封建教育"无缝对接",连朱熹都说:"居今之世,使孔子复生,亦不免应举。"(《朱子语类·力行》);同时,科学也让"王侯将相,宁有种乎"从疑问变成了现实,让士族世袭官爵甚至封地的传统被打破,为巩固皇权走出了重要一步。尽管,人们往往记住的只是"做官",而忽视了"做官"是为了去推行仁政;尽管,家族背景在事实上仍然是取仕的重要依据,但每朝只要产生几个庶民因科举而做官的案例,便足以让广大读书人为之兴奋雀跃,教育也就真正开始拥有了更为强大的"筛选"功能,成为改变"生活"的重要工具。但是,"学成文武艺,货与帝王家"(语出元杂剧《庞涓夜走马陵道》),学子们最后的,也是必然的归宿还是为皇帝卖命,而君权神授,皇帝即为天子——神的仆人与皇的仆人,中西方的教育历史既相异却又无奈地相似。

2.教会学校与书院。在中世纪,尤其是早期,教育与教会几乎是同义词。教会学校是当时教育最主要的组成部分,教会学校按等级分为修道院学校、主教学校和教区学校三种,学校的教育内容主要是宗教,神学是全部学科的"王冠","七艺"(文法、修辞学、辩证法、算术、几何、天文、音乐)的教学也都是为神学服务的。教会学校的教学方法主要是形式主义的烦琐论证,这种经院主义的不良学风一直统治着西欧中世纪的教育,后来受到资产阶级教育家们的不断批判,"经院哲学"成了理论脱离实际的代名词。作为中世纪信徒们虔修、苦修的重要手段,鞭笞也在许多教会学校成为学习的重要手段。因为,肉身是灵魂沉重的枷锁,摆脱它的束缚才能离神更近。在许多修道院学校,学习的主要内容只有两类:抄经和劳动,客观上对文化的传承和农业水平的提高起到了促进作用。

从唐末至宋,书院逐渐兴起,成为除了官学之外,承担主要教学任务的机构。宋明儒学大家朱熹与王阳明都是书院的办学者。朱熹复兴了白鹿洞书院和岳麓书院,亲手拟订了《白鹿洞书院揭示》,"从办学宗旨、培养目标、教学内容和方式以及教师的选聘、学生的来源和条件、经费的筹集和组织管理,都有了明确的规定"[①],从某种程度上说,书院有了较为明确的教学管理文件,而且可操作性极强。宋代书院的讲学特色可以说跟稷下学宫有着某种传承,极富特色与创新。书院的讲学人可慕名聘请,不同学派可以互相交流、论辩。而听讲者不限本院师生,外地或院外士子也可前来听讲,还可当面"质疑问难"。学生也可登堂讲论。学生的成绩评定以读书日志、听讲心得,为人处世等综合核定。明代书院重要的教学活动是讲会,也是教学的主要方式,强调质疑、独立、求同存异,反对狭隘的门户之见,颇具豪杰与侠义之风,是明代死气

---

① 王炳照:《书院精神的传承与创新》,《华东师范大学学报(教育科学版)》,2008年第1期,第2页。

沉沉的教育界中的一缕清风。

3.七艺与四书五经。"七艺"是在"四科"基础上完善起来的欧洲中世纪教育的主要课程,包括逻辑、语法、修辞、数学、几何、天文、音乐。"七艺"其实其初衷是"七门自由艺术",承载着人类对智慧和创造力的追求,但是在不自由的社会,所谓的课程,不可能是自由的,就更谈不上什么智慧和创造力了,与古希腊时的"四科"也就大相径庭了。中世纪的思想家和教育家也会在宗教教义允许的前提下继续对"七艺"进行阐述。在6世纪,有位学者卡西俄德多斯(Cassiodorus)撰写了一篇论证七艺的论文《神学和世俗教育的选择》。论文引用了《旧约全书》箴言来作为他确定学校科目为七种的依据,使"七艺"构成了中世纪初期七种固定的教学科目,这也使得"七艺"之中充斥着各种神学精神和内容。同时,当时更加流行的是"骑士教育",培养身体强壮、虔信上帝、忠君爱国的武夫,其内容主要是所谓的"骑士七艺",即骑马、游泳、投矛、击剑、打猎、弈棋和吟诗,通过与上流社会的交往培养其封建意识和道德习惯。这与之前定位的"自由艺术"就更风马牛不相及了。

而在中国的封建社会之中,无论是官学还是私学,作为儒家经典的"四书五经"都是必读书目,因为它们同时也是科举考试的重要内容。"四书"指的是《大学》《中庸》《论语》《孟子》,"五经"指《诗经》《尚书》《礼记》《周易》《春秋》。到了南宋之后,"四书"就显得更为重要了,而"五经"则不那么受重视了,科举考试的内容也就变成了以朱熹的《四书章句集注》为标准——这等于是连怎么解释"四书"都规定了,就像同时颁布了统编教材和教参。"四书五经"作为主要的教学内容本无可厚非,但一旦与科举制度结合在一起,就变成了另一种僵化的代名词。到了明清之时,科举考试规定的文体变成了"八股文","四书五经"成了出题的范围,考试的时候主要是秉承圣贤思想,连句数、句型也都有严格要求,所谓创新也就越来越远了。不同于作为科目的"七艺","四书五经"本身就是带有强烈的思想教育意味。在今天看来,学习"四书五经"或许没有什么问题,但只学习"四书五经"可能就会是一个大问题,而为了考试只学习"四书五经"可能更是一个大问题。这不仅是中国的传统中对于自然科学的忽视,思想领域的一元化对于教育和社会无疑是一种钳制。

4.学徒制与艺徒制。中世纪教育如果非得说有什么亮点,那么学徒制可算是其中之一。中世纪中后期,特别是 10 世纪之后,战火相对平息,这时候城市得到了较大程度的发展,特别在一些交通便利的地方。城市的主体主要是商人、手工业者。为了更好地做生意,防止恶性竞争,让行业良性发展,行会作为一种民间组织发展壮大起来。行会内部的成员有着相同的专业技能,有很强的垄断性、专业性、等级性、地域性和时间性,因为专业技能是吃饭的本事。行会的形成为学徒制的诞生提供了土壤,也产生了与之前不同的教学方式——为了生计的教育,职业教育开始萌芽。学徒首先要和师傅签合同,师傅要许诺必须教徒弟毕生所学。行会的学徒分三阶段培养,首先当然是技术学习阶段;然后在出师之后可获得相关执照,但是这个时候不许营业,必须去其他地区其他店里实习,当帮工,学习各个不同师傅的手艺,磨炼自己的技艺;最后,帮工期满之后,才可以自己开店,才能当工匠。这使得学徒制的性质从私人习惯过渡到了公共制度。这其实就是现在职业教育教师授课、工学交替、上岗工作的早期版本,这种教学模式也在西方留下了悠久的传统,直到今天仍在沿用。在行会组织中,从业人员按不同身份分为学徒、工匠和师傅三个等级,师徒关系建立在受行会监督的契约基础上,行会则对学徒制进行了全方位的管理,包括制定管理规范、规范契约、教学指导与监督、期满考核等,这使得学徒制具备了相当程度的公共教育属性。

在中国的唐代,官营手工业作坊中形成了较为系统和发达的学徒教育和培训制度,少府监和将作监负责和管理手工业技术工人的培训和考核。"学徒的考核年限因为技艺和工种不同而有所差异,考试制度也很严格,每季和年终都有考核"①。因为这种学徒多集中在手工艺领域,所以也称之为"艺徒制"。同时,唐代还产生了一些专科性学校,涵盖医学、天文、礼仪、内宫事务等,如太医署为医科教学制定了一整套分科制度,规定了各科的修业年限、招生人数及教材,学生先学习基础课程,再学分科专业课程,具体可分为五种:一日体疗,二日疮肿,三日少小,四日耳目口齿,五日角法等,学生先学基础课,再学专业课,连教材都是由朝廷统一的。唐代这种职业专科性教育的出现比欧洲的实科教育要早一千多年。在宋代,全国已经形成了庞大的官营手工业系统,包括纺织、冶金、铸币、造船、盐业、采矿、武器制造等。由于手工业作坊规模不断扩大,为了高效地训练艺徒,推行了"法式"艺徒培训法。所谓"法式"就是技术操作规范,其中也包括一些最基本的技术知识,内容有"名例、制度、功限、料例、图样"等。这也是早期职业教育课程之一。宋代很重视生产的标准化和定型化,出现了许多"法式"。如《营造法式》《弓式》《熙宁法式》等都是著名的法式。宋代以后,民间的手工业作坊得到了较大的发展,广大工徒在生产实践中随师学艺。此时,已出现了类似于欧洲的行会组织——不论生产物件大小,都设置了"团行",各团有"行老"。"团行"之上设"库","库"有"行首"。民间手工业作坊受"团行"和"库"的辖制,凡是作坊雇用工匠和学徒,都是要经过"行老"和"行首"的同意。这种师徒之间"言传身教"、强化师生情感、以现场教学为主、行业技能与行业操守并重的职业教育教学传统,在"晋商"等知名行业领域都有其影子。

(三)教育的世俗化与教学的科学化:近现代教学文化的价值转向与教育的学科化

教学文化的世俗化转向是与打破神学、打破帝制息息相关,是与

---

① 冯晓沛、胡克祖:《中国古代学徒制职业教育评价历史述评》,《职教论坛》,2012年第34期,第94页。

启蒙运动之后人的自身价值被突显出来一脉相承的——其间,无论教学文化如何变迁,人的价值的回归,对于世俗幸福的关注,都已经成为不可抗拒的潮流。

1.理性主义与人文主义:近现代教学文化的多元取向。理性主义是建立在承认人的推理(比如生活的经验及必要的科学手段),可以作为知识来源的理论基础上的一种哲学方法,是启蒙运动的哲学基础。理性主义的先驱笛卡尔曾说过:"我思,故我在。"这其实是重新确立了人的存在方式——不是因为神,而是自身。首先,理性主义教学文化以"理性"反抗"神性",这就确立了人在教学中的主体地位,而现实生活也就成为教育教学的目的,张扬了人的理性及其对真理的认知功能,取代了对天堂的憧憬和无知。其次,理性主义教学文化强调认知的重要性——理性主义强调经验与证伪,只有不断发展人的知识能力,理性才会不断发展——科学也就是从实验与证伪中发展的。最后,理性主义教学文化更加注重研究教学现象,追求把握教学的本质与规律,是基于实证主义的,"一般从探讨教学的逻辑起点出发,即教学的本质是什么,而后是教学目的、过程、规律、原则、方法、手段、组织形式、环境,最后是教学评价。这种严密的逻辑体系都存在一个基本的逻辑起点,即认识论下的教学本质观——教学是一个特殊的认识过程"①——这也是近代教育学科得以确立的重要思想与方法基础。在这样的思想背景下,德国著名教育家赫尔巴特提出了"四步教学法":(1)明了:给学生明确地讲授新知识;(2)联想:新知识要与旧知识建立联系;(3)系统:做出概括和结论;(4)方法:把所学知识应用于实际(习题解答、书面作业等)。同这四个阶段相应的学生的心理状态是:注意、期待、探究和行动。"四步教学法"使得教学论有了更为科学的基础,而赫尔巴特也成

---

① 熊和平:《后理性主义的教学观及其教学论意义》,《高等教育研究》,2004 年第 4 期,第 70页。

为科学教育学的奠基人。可是理性主义教学文化往往会忽略教学中的情感因素,对于态度、意志、习惯、传统等不够重视,容易掉进工具主义或者是行为主义的陷阱,而这也是人文主义所反对的。

在理性主义不断深入人心并在教学文化领域占据上风的时候,人文主义教学文化也得到了滋养和发展。在17世纪,英国教育家弥尔顿就主张要把古典人文主义和现实主义结合起来。19世纪初,德国掀起了新人文主义教学思想,它"追求无功利的价值取向,强调人性的和谐和人格的完善,重视古典文学和古典研究在人的精神培育中的作用"[①]。洪堡是其中杰出的代表,他主张教育教学要把人从等级制的桎梏中解放出来,激发人的生命力,唤醒人的内在潜能——而教学的责任正是在于加强学生的理解力,增进学生的判断力,发展他们的理性和陶冶他们的情操,使他们的本质力量得以发挥。同时,他主张教学内容要与生活实际相联系,科学与人文要并重。20世纪初,德国的文化教育学代表狄尔泰更进一步,他强调要以生命作为教学的出发点和生长点,一切知识都与生活相关,都需要生命的体验;而斯普朗更是认为"教育就是文化的过程"。二次世界大战结束后,马斯洛、罗杰斯、弗洛姆等人本主义思想家在美国掀起了人本主义教育运动,进一步确立了以学生为中心的教学理念,强调师生关系平等,教学的价值就是在于培养学生完善的人格。至此,人文主义教学文化已经成为当代教学文化的主流之一。

在中国,理性主义缺乏足够的萌芽,虽然拥有悠久的古典人文主义传统,但终究敌不过皇权。虽然洋务运动强调"中体西用",开办京师同文馆等西式学堂,但对于教育学科而言,核心思想仍然是"忠君、尊孔",依然是一剂老汤药,其实并没有充分的总结挖掘。直到1912年推

---

① 吴式颖、任钟印:《外国教育思想通史(第7卷):19世纪的教育思想(上)》,湖南教育出版社2002年版第162页。

翻帝制后,蔡元培出任中华民国首任教育总长,才将"自由、民主、博爱"这个最根本的人文主义思想引入教育,"个性的张扬、个人的价值受到重视已经被提到中国教育现代化的重要议事日程之上"[①];并提出了实利主义和军国民主义两条内蕴教育救国思想的教育建设方略。

2."做中学"与"五步教学法":影响深远的实用主义教学思想。时至今日,如果说有一种教学文化是最具普遍性的,在各级各类教育阶段和学校都适用的,最简单直白的表述或许就是"做中学"了——这个思想的提出者是美国著名教育家、哲学家杜威。

"做中学"(learning by doing)教学思想最大的特点,其实是对知识与活动二元对立的超越。这里需要特别重视英文"do",烧饭做菜可以用"do",评论创作也可以用"do",所以,"做中学"的"做",既是体力劳动,也是智力活动,还可以是创造;不能用简单的"行动""活动"来一概而论。杜威提出"教育即生活""教育即生长""学校即社会"等核心教学理念,也就是说,个人在社会生活中通过与他人的交流沟通,从而相互影响,并逐渐获得、积累、扩大和改进经验,进而养成道德品质,习得知识技能,促使个人成长,这就是教育;而学校也应该成为社会的"具体而微者",要设立各种工厂、实验室、厨房、农场等,让学生在各种情境下从事他们感兴趣的活动。"做中学"的过程可以具体化为"五步教学法":在活动中,学生为解决实际问题,而去收集有关资料,确定问题所在,并提出各种假设。这样的过程能使学生丰富自己的经验。为此,杜威提出教学过程应安排真实的情景(创设情景)、在情景中要有刺激思维的课题(明确问题)、有可利用的资料以做出解决疑难的假定(提出假设)、从活动中去证验假定(解决问题)、根据证验成败得出结论(检验假设),这就是著名的"从做中学"的五步教学法。杜威的"五步教学法"在某种程度上是对于赫尔巴特"四步教学法"的批判与修正,从师生的主体地

---

① 田正平:《蔡元培与民初教育改革》,《高等教育研究》,2011 年第 7 期,第 91 页。

位、学生兴趣点、教学材料的导入等方面皆有较大差异。这种差异背后，其实也是两种教学文化的差异——在今天，我们仍然能清晰地看到这样的差异。

杜威的哲学与教育学思想对 20 世纪上半叶的中国教育产生了深远的影响，这一时期诸多系统的、深入的教学改革都有着杜威实用主义教育思想的影子。1919 年，杜威来到了中国，并在各地演讲，其思想在中国得到了迅速传播。胡适称"自从中国与西洋文化接触以来，没有一个外国学者在中国思想界的影响有杜威先生这样大的"，并于当年就在《新教育》"杜威专号"发表专题文章介绍杜威教育思想。其后，梁启超、蔡元培、蒋梦麟、罗家伦、吴俊升、梁漱溟等都对杜威教育思想引入中国做了积极的尝试并受其影响，但要说最深入并付诸实践的研究，应该是陶行知和晏阳初等人发起的平民教育运动。在创办晓庄师范、开展乡村教育试验的过程中，陶行知"把杜威教育理论翻了'半个跟头'，创建出了自己的生活教育理论"①。杜威的教育理论主张"教育即生活""学校即社会""在做中学"，而陶行知的生活教育理论则主张"生活即教育""社会即学校""教学做合一"，虽然这与杜威教育思想在字面上相差不多，但内涵上却真是相去甚远了。陶行知曾将"以教人者教己"作为晓庄师范学校的根本教育方法之一，要求教人者先将所教材料"弄得格外明白"，先做好学生；并强调"教的法子根据学的法子，学的法子根据做的法则；事怎样做便怎样学，怎样学便怎样教"。这种"教学做合一"的教学理念，对今天中国的教学文化仍然有着深远影响。

3. 合作学习与问题导向学习：教学组织与设计的不断完善。合作学习（cooperative learning）与问题导向学习（problem-based learning，PBL）是 20 世纪中后期逐渐形成并成为主流的教学法，前者的重点是

---

① 和学新、田尊道：《杜威教育理论的中国化及其启示》，《全球教育展望》，2015 年第 1 期，第 35 页。

强调非智力因素在教学过程中的重要性;后者的重点是强调教学内容的逻辑化和学生的自主学习。

合作学习一般是小组任务、组内合作、组间竞争、分工互助的学习策略,最早兴起于 20 世纪 70 年代的美国。之后迅速成为美国、苏联、德国、日本、加拿大、澳大利亚、法国、英国等国的主流教学方式,被人们誉为"近十几年来最重要和最成功的教学改革"。美国教育学者戴维森概括了合作学习的要点:(1)小组共同完成、讨论、解决难题;(2)小组成员面对面进行的交流;(3)在每组中的合作、互助的气氛;(4)个人责任感;(5)混合编组;(6)直接教授合作技巧;(7)有组织并相互依赖。合作学习对于培养学生的协作精神、交往能力、创新与竞争意识,强化学生主体意识有着较大促进作用。

在中国,合作学习最早于 20 世纪 80 年代末期由原杭州大学教育系引入,并与杭州当地的天长小学、杭州第十一中学开展实践合作,率先在语、数、外三科开展。2001 年国务院《关于基础教育改革与发展的决定》指出:"鼓励合作学习,促进学生之间的相互交流、共同发展,促进师生教学相长。"合作学习至此逐渐形成共识,并开展了较为广泛的实践。但从目前来看,仍然存在以下几个实践中的问题:(1)班级规模的局限。合作学习小组规模在 6 人以下为佳,相对于国内大中小学普遍 50 人左右的班级规模,分成 10 组左右的话,效果会大打折扣;(2)教师权威问题。合作学习需要教师更好地扮演一个引导者的角色,而非主导者,这对中国教师的"教学传统"和"教师文化"是一个挑战。(3)学生学习习惯的挑战。这个问题和上一个问题其实是一个硬币的正反面。合作学习需要从小开始,而不是到大学再开始。(4)教学环境问题。合作学习需要活动教室或者说智慧教室,目前国内许多中小学教室已经进行改造,但仍未成主流。

PBL 是 1969 年由美国的神经病学教授 Barrows 在加拿大的麦克马斯特大学首创,目前已成为国际上较流行的一种教学方法。PBL 与

65

合作学习互相兼容,更强调学习与任务挂钩,强调学生的自主探究和合作,PBL的精髓主要体现在以下三个方面:"(1)学习方法——以问题为导向、项目为组织的学习方法。(2)学习内容——鼓励跨学科和学科交叉。(3)学习的社会性——人和环境互动的学习形式"①。

在中国,PBL的探索与实践是在21世纪才开始的,特别是在基础教育课程改革和职业教育教学改革领域更加受重视。PBL更加强调从"教法"到"学法"的转变,更强调概念的联系与整合,对于当前教师的教学水平和学生的学习习惯都是一种挑战。

4.班级授课制、道尔顿制、网络课程:教学组织形式与教学技术的丰富。从近现代教育的发展来看,教学组织形式的变化在某种程度上折射出社会的变化,折射出人的需求的变化。

班级授课制曾经是教学规模化、现代化的重要标志。早在1632年,捷克教育家夸美纽斯便在他的著作《大教学论》中提出了"班级授课制"。"今天的班级授课制的直接起源是17—18世纪英国的贝尔和兰卡斯特开发的'助教法'"②。赫尔巴特提出"教学四步法"之后,班级授课制得以进一步完善并基本定型,发展成为西方学校教学的基本组织形式。20世纪中叶,以苏联教育家凯洛夫为代表的学者们提出了课的类型和结构的理论,使班级授课制这个组织形式形成了一个完整的体系,凯洛夫也是对中国班级授课制影响最深的一个教育家。班级授课制的特点是班级相对固定、课程相对固定、课时相对固定以及班级人数相对固定。班级授课制的出现使得教学的效率大大提升,也使得20世纪各个国民普通教育和义务教育得以实施。在我国,班级授课制于1862年正式引入京师同文馆等新式学堂。

---

① [丹麦]杜翔云:《Anette Kolmos, JetteEgelundHolgaard. PBL:大学课程的改革与创新》,《高等工程教育研究》,2009年第3期,第30页。

② 钟启泉:《班级授课制》,《基础教育课程》,2015年第7期上,第73页。

　　进入 20 世纪后半叶,人们对班级授课制的批判之声日渐响亮,认为班级授课制太过于整齐划一,不利于培养学生个性,不利于强化学生主体地位。但是,之后出现的合作学习、强化课堂对话等教学改革使得班级授课制仍然得以继续完善,并始终是当前主要的教学组织形式。哪怕近年来国内"新教育"运动和国外"在家学习"潮流的兴起,都无法取代班级授课制,这或许也是因为,班级作为学校的基础单位,它不仅是一个教学细胞,也是让儿童实现人格交会、经验共享的地方,在使个体社会化和社会个性化的教育过程中有着强大的生命力。

　　相对于班级授课制,道尔顿制是另一种教学组织形式和方法——全称道尔顿实验室计划(Dalton laboratory plan),由美国 H. H. 帕克赫斯特于 1919 年在马萨诸塞州道尔顿中学首创推行,因此得名。道尔顿制的核心理念是自由与合作。从实践角度来讲,道尔顿制其实是一种教学重组方案,着力于协调教与学两方面的活动——更强调学校能作为一个整体,更好地为学生提供精神和智力成长的环境。道尔顿制通常的实施流程是:布置作业室—订立公约—实行工作—考查学习的成绩。道尔顿制认为,学校要成为一个社会的"实验室",学生自己就是"实验者",强调在教师指导下,学生自由选择时间、自主安排进度、自主解决问题,将学习的主动权真正还给学生,同时也给教师的"教"提出了更高的要求。在道尔顿制学校,没有年级的界限,学生打成一片,使他们彼此有了更多交流与合作的机会。道尔顿制是对班级授课制的一种批判,进入 21 世纪,国际道尔顿教育协会正式成立,并始终活跃在教学改革的舞台上。而在 20 世纪 20 年代,中国的上海、北京、南京、开封等地也进行过相关实验,但不到 10 年便渐无音讯。或许,道尔顿制本身是一种很好的教学组织策略,只是在 100 年前,太过于超前,过于脱离教育实际,但在当前,或许又迎来了一个不断推进的新契机。

　　如果班级授课制和道尔顿制是对于传统教学空间的组织形式变革的话,那么网络课堂的出现或许为教学拓展了另一片空间——这里就姑且称之为"数字空间"或"虚拟空间"。其实,计算机辅助教学在 20 世纪 50—60 年代便已经萌芽,但真正在教学领域广泛应用推广则是在 20 世纪 80 年代多媒体计算机出现之后,特别是在教学资料展示、辅助教学软件应用、师生对话与咨询等方面均有较大推进。但随着互联网的快速发展,进入 21 世纪之后,网络课程和网络课堂如雨后春笋般快速兴起,这对整体教学的改变具有深远的影响——慕课、微课、翻转教学纷纷登场,专业教学资源库、网络精品课程等数字化教学资源不断丰富,虚拟现实技术将为教学情境的构建提供前所未有的支撑,师生脱离传统课堂空间互动的实现成为可能。总体而言,网络课堂对教学文化的冲击是全方位的,主要体现在:(1)教师不再是学生获取知识的唯一信息源,因而教师作为知识传授者的权威将大幅下降,而作为学生学习引导者的作用将更受重视;(2)私人定制与共享将成为学习的潮流,学生将能自主选择自身感兴趣的学习内容和学习内容展示形式;(3)自主学习是终身学习的支柱。如果说,以前讲终身学习讲的是"自学+进修"的话,现在则更多的是网上学习。(4)网络教学互动更加充分。如果以前网络课堂的师生互动是以音画与文字为主体的,那么以后遥感、虚拟还原也将成为现实,对传统教学空间的依赖将大大降低,班级或者课堂的形式将不在"教室",而或许会是在"云端"。

第二节 教学文化的变迁

今天,梳理教学文化变迁的轨迹,可以发现,在学习的价值取向、学习的类型、学习的主体、学习的组织以及对学习的支持等方面均发生了较大变化,这种变化体现在以下三个方面:

(一)从单一价值转向多元价值

无论是成为"理想的人"还是"完美的人",无论是成为神的仆人,还是政府官员,单一的个人中心维度的或者产业、社会(国家)中心维度的教学价值导向都已经不再适应当前多元价值包容的社会潮流。同时,可以预见的是,以自然为中心的环境教育思想正在日益成为主流。因而,教学文化包含取向兼顾个体、产业、社会(国家)以及自然的多维度价值取向已经成为趋势与主流。

(二)从单一主体转向学习共同体

在师生关系领域,有"以教师为中心"和"以学生为中心"两种主流教学文化,在教学改革的历史上也都曾经取得主流地位。但从现代教育逐渐进入后现代教育阶段的现实来看,单一的教学主体观已经不再适应教学改革的需求,试问:如果教学是包含教与学两类活动相耦合的过程的话,那么教师与学生何者是可以偏废的?从当前的学习特点来看,师生之间更重要的是如何在教学中产生联系,如何成为一个学习共同体,如何共享话语权,教法与学法如何更好地互相促进?片面强调单一的主体性已经转向为突出主体间性,这种主体间性不仅存在于师生之间,也存在于学生之间,甚至教师之间。

(三)从封闭性转向开放性

从封闭走向开放主要体现在以下几个方面:1.教学空间从教室走向课内外融合,翻转课堂也罢,微课也罢,其变革的线索都是学习行为的时空拓展;2.教学评价从标准化走向多样化,不再以单纯的知识、技能的获取结果进行评价,还需要更多地考虑合作精神、专业态度等方面的养成;3.教学管理从控制转向解放,不再刻意强调班级组织、课堂管理的规范,教学不再强调严格的课堂控制,而是更多地强调解放学生的天性,鼓励学生自我展现。

具体的教学文化变迁轨迹,可以通过表1来具体说明。

表 1 教学文化的变迁轨迹

1.教学的价值取向	单 一	多 元
2.对教学的控制	教师中心或学生中心	师生学习共同体
3.教学法的重点	教法	学法
4.教学的组织	班级授课制	班级授课、分组学习及个体自主学习相结合
5.教学互动	从师至生	师生、生生以及与环境、信息的多重互动
6.学业评价	标准化	多样化
7.对学习行为的支持	情感型	情感与技术相融合

当然,在梳理教学文化传统及其变迁轨迹的同时,更为重要的是,我们必须明白,教学文化从来不是纤尘不染的出水清莲,教学文化变迁的历程其实就是社会变迁的历程,也是各种价值与利益的博弈历程,这或许就是教学文化变迁背后的动力,就是教学文化具备扩张力的源泉——把握教学文化的传统与变迁脉络固然重要,但把握其背后的动力机制也同样重要。正如福柯、布尔迪厄等人早就告诉我们的那样:对知识秩序进行整肃而产生的文化形态,本质上就是社会的价值与利益形态。"文化是某个群体所占有的十分重要的资本形式,文化资本不仅与经济资本存在着某种形式的同质关系,甚至可以是相互兑换的"①。因而,教学文化的扩张其实就是价值与利益的扩张,在扩张中,价值和利益得以增值。而所谓的文化共同体,也将是价值共同体与利益共同体。就像科举制度是中国古代教学文化的重要成果,但它背后的初衷或许只是皇帝不想让地方士族世袭的权力削弱皇权;学徒制萌芽了最早形态的职业教育,但它背后的初衷或许只是某个行业的专业

---

① 董洪亮:《教学文化及其变迁机制》,《课程与教学评论(第 1 辑)》,南京师范大学出版社 2008 年版,第 105 页。

人士想"混口饭吃"。

今天,我们可以看到,教学文化所内含的价值与利益或许是物质的,也或许是精神的;或许是眼前的,也或许是长远的;但无论如何,一种教学文化要为人所接受,就必须"证明"它符合人们的价值和利益"预期"。但人们的预期又是动态的,不断调整的,所以,在教学文化不断地提升和证明过程中,各种教学文化也在不断交流与融合,各种价值与利益也在不断交流与融合——这或许是教学文化变迁背后的那只"看不见的手"吧。

第 二 编

高职教育教学文化

第四章　高职教育教学文化的特征

　　高等职业教育提升人才培养质量，是高职教育走内涵建设和品牌发展的重要体现和根本标志，而提高人才培养质量与教学质量的提升和教学文化的塑造密切相关。"教学本身就是指向人的精神世界、引导人的价值理念、塑造人的个性品格、提升人的文化品位的活动。"可见，高职教育的教学文化作为教师的专业发展、学生的学业成长、学校的内涵建设的重要内容，探讨高职教育的教学文化的概念、内容、功能、特征等基本理论问题，是科学认识其运行机制和基本规律的有效方法，也是推进高职教育健康持续发展的基本路径。

第一节　高职教育教学文化的内涵

一、高职教育教学文化的概念

　　大学的本质是一种功能独特的文化组织，需要自觉地承担历史赋予的传承和创新文化的重大使命，这从根本上决定了大学不仅是客观物质和高深学问的存在，还是一种文化存在和精神存在。作为社会文化的重要组成部分，大学文化是引领、推动社会发展的一支重要力量，它一方面得到几代师生的普遍认同和遵循，另一方面它是高校长期办学特色、理念和精神的象征。大学教学文化是大学在长期教学活动中形成的，具有历史延续性与现实再生产性的精神样态。高等职业教育作为高等教育的重要组成部分,在高素质技术技能型人才培养方面发挥着核心效能,而职业院校的教学文化建设水平直接关系着人才培养的质量。

现实中,人们缺乏对高职教学文化内涵的认识,没有深刻体会产教融合、校企合作、工学结合所蕴含的文化理念,因而也就不能从推进和引导教学改革深入发展的高度来重视教学文化建设。教学文化建设得不到应有的重视,使工学结合的开发和实施只局限于专业建设的狭小范围内,没有和学校整体的管理水平、制度建设、师资队伍建设等形成互动发展态势,限制了教学改革的整体推进和有效实施;又因缺乏教学文化理念的指导,教师从"忠诚的执行者"到"课程开发者"的转变还存在着被动性和盲目性,阻碍了教学改革的深入实施。

高职教育教学文化还没有被纳入校园文化建设的范畴中。不少高职教育校园文化建设的理论仍然沿袭普通高校校园文化建设的理论,局限在精神文化建设、制度文化建设、物质文化建设、行为文化建设等方面的藩篱之中,而"工业文化""企业文化""工匠文化"融入高职校园文化的建设也没有突破以上建设途径的束缚。在实践中,高职教育缺乏对教学改革带来的具有职业院校特征的教学文化现象的认识和总结,缺乏教学文化的支撑,将校园文化建设和教学文化建设割裂开来,将高职校园文化建设的主要内容放在政工部门和学生管理部门的工作中,导致校园文化建设不能从职业教育的源头和本质出发。

一直以来,国内对教学文化的研究主要是课堂上教与学过程中所包含的文化形态。学者刘庆昌曾进一步探究了教学文化与教学过程的关系,认为"教学文化是教学生活过程及与之有机融为一体的教学生态环境的整体"。建立在"工学结合"的人才培养模式基础上的高职教学文化,外延已超出了课堂上教与学的范围。由于教学模式的变革,高职教育教学文化的内容和内涵也有别于传统学校,所以高职教育教学文化建设需要在职业教育教学理论和实践的指导上,形成并完善自己的理论体系,从而更好地指导教学文化建设的实践。而作为培养高素质技术技能型职业人才的高职教育,其有别于普通高校的教学内容和形式,自然也就使得其教学文化具有其鲜明的特征。在高职教育教学文化与普通高校以及中等职业学校教学文化之间,既有共同性又有个别性。其共性为都是一种以教学活动为载体,以教师和学生为主体,以教学环境为依托的亚文化现象,其个性在于高职教育的教学活动受到其人才培养的规律特点的制约,具有鲜明的特性,在开展各个专业教学时更为注重与特定的地方经济发展对人才需求相结合,更为强调教学与企业岗位的"无缝对接"。

高职教育在办学主体、办学目标、办学路径等方面与普通本科高校有着较大的差别,高职教育教学文化在一定程度上融入了企业文化的特色,突出高职教育学生在学习和成长过程中对未来职业发展目标、职业道德、职业能力、职业信念、职业发展等一系列问题的思考与实践。高职教育人才培养模式不同于普通高等教育,学生的企业顶岗锻炼是培养中的必要环节,学生通常要在企业顶岗实习较长一段时间,要有更多的时间接受企业兼职教师的熏陶,这必然使得学生在潜移默化中融入了企业的文化轨迹。因此,高职教育教学文化的概念不仅是"大学文化""大学教学文化""高职教育教学文化"等概念的引申,由于其主体是高职教育,载体为高职教育教学,高职教育教学文化则既包含了大学文化、大学教学文化的基本内涵,又融入了企业文化的基本理念,这是高职教育办学理念的体现。大学文化与企业文化两种不同的文化,通过职业院校这一主体的吸纳、发展和演化逐渐形成了有自身特色的职业院校文化,成为个体由学生角色快速转换为员工角色的重要助推力量,这也为学生适应职业岗位提供了强大的精神保障。根据这个概念以及高职教育办学的自身规律,高职教育教学文化有着非常丰富的内涵,它是高职教育在培养服务区域发展需要的高素质技术技能型人才过程中所形成的,为高职教育师生认同和共享、社会和企业认可的教学观念、知识、规范和与之相适应的运行方式与物质形态的总和,是高职教育教学实践在文化与观念层而的客观反映。

二、高职教育教学文化的内容

按照"教学文化是教学生活过程及与之有机融为一体的教学生态环境的整体"的观点,教学文化内容应该主要包括两个大的方面:一是课程蕴含的文化及课程实施过程中课堂表现出的师生主客体关系所蕴含的文化;二是与课程及其实施融为一体的教学生态环境所蕴含的文化。其中教学生态环境又包括两个方面,即显性条件和隐性条件。显性条件包括专业建设中除课程以外的其他要素,如教学团队文化、教学条件(环境)文化、教学制度文化等;隐性条件包括教学观念、教学信仰、教学风俗等方面的文化。而从内容类别上看,高职教育教学文化的内容主要体现在专业文化、课程文化、活动文化、教师文化等维度,教学文化建设的目标,就是要建设与生产一线需要的高素质技术技能型人才培养目标相适应的教学生态环境,其中教师文化是要点,专业文化是核心,课程文化是基础,活动文化是载体,四者之间相互独立又相互关联,构成了高职教育教学文化内容体系的支柱。

(一)专业:高职教育教学文化之核

高职教育在培养人的过程中,不但要传授专业知识和技能,更重要的是要形成一种文化品质,养成职业精神,这就涉及专业文化的培育问题。专业建设作为高职教育内涵建设的重要单元、提高教育质量的重要平台,在高职教育中具有重要的作用。而所谓专业文化,是指全体专业学习人员所共享的,对应于相应的职业生活的价值观和行为习惯的总和。专业文化作为教学文化体系的核心,加强其建设,有利于刺激学生对专业技能的学习。而浓厚的专业文化氛围可陶冶学生的职业情操,熏陶学生的职业理想,端正学生的职业观念,培养学生的职业习惯。专业文化主要体现在职业性、行业性、多样性等几个方面。

1.职业性。以学科教育为主的普通高等教育,系统的科学理论知识是实现育人的重要载体,侧重于科学理论的文化是专业文化的主流文化。而以职业技能掌握和应用为主的高职教育,职业技能是实现育人的重要载体,职业文化则成为专业文化的主流文化。高职教育专业文化的功能突出体现在对专业教师和学生行为的制约和规范,在对异质文化的吸纳和整合过程中融入职业要素,渗透着职业的特质。

2.行业性。高职教育适应社会需求的办学定位,决定其具有明显的服务性。为了提高服务的针对性,高职教育需要通过设置相应的专业或专业群,为某个行业提供人才培养、员工培训和技术研发的服务。不同行业拥有自己的行业文化。因此,要培养"适销对路"的高素质技术技能型人才,就必须使高职的专业文化具有行业文化所需要的特质。

3.多样性。高职教育的专业设置是与职业岗位或岗位群对接的,专业口径相对狭小,而学校为了提高专业设置的针对性,必须设置名目繁多的专业。尤其是一些综合性地区高职教育,专业的数量更加多样。因此,高职教育专业文化的多样性更为突出,从而使高职教育各专业以职业性格为标志的个性文化成为一种普遍而独特的文化风景。

与普通高校以学科门类划分为依据的学校发展与人才培养模式不同,高职教育的发展定位、人才培养、课程设置与教学质量评价等均与产业经济、行业发展密切相关,并直接体现出市场提出的最根本现实教育需求,即培养出具有中高级技术、技能的高素质"职业人才",以达到既能适应和配合产业结构的调整与升级,又能主动引导社会经济未来发展方向的最终目的。从这个角度来看,高职教育的整体发展与产业、行业、企业、职业有着唇齿相依的关系,凸显了专业文化的关键地位和重要作用。作为高职专业的内核,专业文化是制约高职教育现代化水平的生命线,也是影响高职学生健全发展、教师可持续性专业化发展以及提高学校社会地位的重要保障。良好的专业文化能够打造一支高质量高水平的师资队伍,并潜移默化地增进学生对该专业的自觉认同与操作遵守,不仅能够提高其市场竞争力和适应能力,还有利于提升企业、行业对该专业毕业生质量的认可,为学校教育现代化的高水平发展赢得广泛的社会支持。

(二)课程:高职教育教学文化之基

作为文化形式之一的高职课程文化必然要反映人们在生产和生活实践中创造的文化,因为文化是人类创造的。人的文化是为了满足人的需要而创造的,人类文化发展的标准的基础是满足机体需要的程度,因此,高职课程文化发展的标准可以表述为人类正确有效地认识和影响它的生存环境的能力,也就是人类认识自然和改造自然的能力。技术用于改造世界,高职教育以培养高素质技术技能型人才为目标,换句话说这种能力就以改造自然的职业技能为主。高职课程文化是为培养社会个体而创造的一种特殊的规范文化。课程文化实践作为一个开放的系统,在实践过程中要因实际情况的变化而采取应变性行为。高等职业教育课程文化不仅有着文化的共性,也有着自己的个性。课程文化要随区域文化、产业文化、行业文化、企业文化的发展而变化,这是现代职业教育的客观要求。而高等职业教育课程和普通高等教育课程非本质的区别在于,对知识技能的组织以及因所选择的知识技能的不同而采取不同的教学方法。

在过程上,课程都是教师或学生对该理论化、结构化和系统化的文化的讲授、学习、研究和创新的过程。高等职业教育专业课程与普通高等教育的学科课程相比,具有明显的工作过程导向或行动导向的特征,教学过程强调工学结合的实践性、开放性和职业性。高等职业教育课程与企业文化具有天然的联系。它强调职业教育课程与职业资格的衔接、与职业岗位的对应并推行"双证书"制度。这可以理解为是高等职业教育课程文化的个性。课程本身是文化,也是文化的实践。高等职业教育课程与普通高等教育课程相比具有职业定向性、区域适应性、行业参与性、费用昂贵性等显著特征。虽然不能把高等职业教育课程的特征理解为高职课程文化的个特，但是任何课程在内容上都是其所处时代的一定文化精华的理论化、结构化和系统化的体系，其目的是研究、保存和传承一定时代的文化。

(三)活动：高职教育教学文化之体

人类学家格尔茨认为，"我们悬挂在我们自己编织的意义之网中"。文化的存在赋予生命以价值与意义。在高职教育文化中，活动文化作为一种文化形式，具有区别于物质文化、制度文化、精神文化和仪式文化等的独特优势，是高职教育文化活动的文化表征，也是高职教育文化建设的重要内容。对高职教育而言，活动文化具有丰富的内涵。活动文化是指学校有目的、有计划、有步骤地组织学生参加具有育人功能的思想政治、学术科技、文娱体育、社会实践等活动体现出的一种精神氛围，旨在把德育、智育、体育、美育文化思想和理念渗透到活动之中，使学生在活动氛围中提高思想素养，形成正确的世界观、人生观、价值观与优秀的人文素质，并增强其实践经验，推动自身的全面发展。活动文化的内涵有广义和狭义之分。广义的活动文化泛指发生于校园内外的有学生参与的各种类型、各种层次和各种形态的活动所体现的文化意义、氛围和特征等的总称。狭义的活动文化一般特指常规教育教学活动以外的对于培养学生思想道德素质、锻炼学生社会实践能力和提高学生身体健康水平等方面有益的校园文化活动所体现出的文化意蕴与表征。高职教育进行活动文化建设，开展校园文化活动，要立足高职教育定位，始终以育人为宗旨，发挥高职教育服务的过程中，不变的是对于活动文化深层内涵的把握和贯彻，多变的是对于活动文化内容与形式的创新，从而在不断的探索与实践之中实现活动文化建设内涵品质的提升与超越。

(四)教师：高职教育教学文化之要

高职教育具有高等教育和职业教育的双重属性,这决定了高职教育教师的跨界特质,也决定了高职教育教师文化特质具有自身特征。高职教育教师文化特质无论是外在形式还是内在结构,既有与普通高校、中等职业学校教师文化特质相似之处,也存在明显不同,它的独特性主要体现在实践、反思、服务等几个方面。

1.实践:育人与授技。教育活动由众多复杂的实践行为构成,在其内部形成了错综复杂的关系,在其外部构成了彼此羁绊的形式多样的联系。教师是教育活动的实践主体,故教师文化同样具有实践性。有学者在研究教师文化特质时,基于教育活动的实践性,提出反思与实践这两个要素。在实践活动中,教师职业的实践性在于以"人"去影响"人",是一种双向度的培养人的行为。因此,实践是教师文化特质范畴的重要内容,并且这种实践与学校课堂教育教学紧密相连,可简述为育人的实践。国内外相关研究也充分佐证了教师文化的育人实践特质,如国外研究者提出教师实践性知识这一概念,倡导让教育教学富有生机的实践性知识,国内研究者也提出教师实践智慧这一命题,期待教育教学充满实践智慧。

高职教育教师在教育教学、自我职业成长过程中,更加离不开实践。这在国家层面的《教育部关于全面提高高等职业教育教学质量的若干意见》(高教〔2006〕16号)中得到明显的体现,"要增加专业教师中具有企业工作经历的教师比例,安排专业教师到企业顶岗实践,积累实际工作经历,提高实践教学能力";"要大量聘请行业企业的专业人才和能工巧匠到学校担任兼职教师,逐步加大兼职教师的比例,逐步形成实践技能课程主要由具有相应高技能水平的兼职教师讲授的机制。"同时,在高等学校教学名师奖评选表彰工作中,在高职教育教师评选指标体系中,明确地提出了企业经历与行业影响力的要求。从这些政策及其评奖评价指标中,我们可以看出,高职教育教师文化特质的实践性,既要体现教师职业共有的学校育人实践,还要体现行业企业的工作实践。后者是为了更好地传授学生技术与技能,帮助学生获得谋生的手段。

2.反思:课堂教学与企业生产。反思是个体心灵通过对自身活动及活动方式的反省,是产生内在经验与知识的重要途径,是一种个体的、以自我为中心的学习过程。美国心理学家波斯纳提出了教师成长的公式,即成长＝经验＋反思,充分表明了反思对教师职业的重要性。唐纳德·舍恩主张包括教师在内的实践者要在实践中反思和探究,树立"反思性实践者"的专业形象,认为行动中反思是实践的核心。我国研究者也提出,从"工匠型教师"转化为"专家型教师"的关键,是学会反思、学会合作。教师反思通常指教师以提高自身教育教学效能和素养为目的,对教育教学实践中的自我行为表现及其依据进行解析和修正。依据唐纳德·舍恩的观点,教师反思既包括"在行动中反思",又包括"对行动的反思"。因此,作为高职教育的教师,一方面,要反思课堂,反思行业企业生产活动;另一方面,要反思自身的教育教学实践活动,同时反思自身专业技术在行业企业的实践应用,促进自身专业技能发展,确保专业技术与企业生产技术同步发展,甚至超越企业生产技术发展。

3.服务:学生成长与经济发展。在高职教育教育教学过程中,教师不仅仅是教育者、研究者,更是服务者。首先,作为教育者要为学生成长成才提供服务。一是专业技术技能培养服务,具体包括帮助学生完善专业知识结构,提高专业技术技能,旨在让学生的智力和实践能力得到充分发展;二是人生成长指导服务。高职教育教师应该强化学生的自信心和自尊心,在生活上给予关怀,在学习上给予帮助,对学生未来职业生涯进行指导,使得学生树立科学的人生观和职业观,旨在促进学生身心健康发展以及找到合理的职业发展方向。其次,作为研究者要为区域经济发展服务。职业教育与经济社会发展关系密切,市场经济体制下的职业教育在本质上具有服务性,社会经济形式的变化是引导职业教育变化的基础。因此,高职教育教师要主动服务区域经济发展,积极开展技术研发、新产品设计与开发、技术成果转化、项目策划等"立地式"研发服务,做到两个立足:"一是立足区域,为区域经济服务,满足区域的技术创新、技术开发需求;二是立足于应用研究和开发服务,坚持为区域行业企业解决实际难题。"当然,作为教育者的服务者和作为研究者的服务者之间并不矛盾,后者是为了更好地服务前者。

三、高职教育教学文化的功能

当前,高职教育在"坚持以立德树人为根本,以服务发展为宗旨,以促进就业为导向"思想的指导下,不断加强教育教学改革,形成与社会经济发展联系紧密的教学文化,而教学文化作为高职教育内涵建设和品牌发展的重要内容,在育人实践过程中发挥着关键作用,特别是价值取向、观念整合、文化渗透、精神激励等方面。

(一)价值功能

树立正确的职业价值观是社会对高职教育教学运行与教学管理的期望、追求与导向的反映,根据《国务院关于加快发展现代职业教育的决定》,高职教育教学价值观的根本,就是"适应技术进步和生产方式变革以及社会公共服务的需要,深化体制机制改革,统筹发挥好政府和市场的作用,加快现代职业教育体系建设,深化产教融合、校企合作,培养数以亿计的高素质劳动者和技术技能人才"。教育的价值取向影响和制约教育的实践活动,左右着人们对教育的态度和行为。人们对高等职业教育的认识是随着办学实践的不断深入而逐渐深化,职业教育取向就是在这一实践探索过程中形成的。高职教育既有高等教育的属性,又有职业性的属性,因此职业教育的价值取向绝不能是单向的,它一定是多维的,不仅要注重学生职业技能培养,还需要关注学生职业素质教育和职业精神养成。高职教育的目标是培养符合职业标准的高素质技能型人才,从而传承技术技能,促进就业创业,为建设人力资源强国和创新型国家提供人才支撑。因此,人才培养是高职教育的安身立命之本,帮助学生个体社会化,促进学生身心健康发展和学生的可持续发展,培养学生的职业认同,提升学生职业生涯与社会的融入度是高职教育重要的历史使命。教学文化通过课堂教学、实习实训等途径引导学生树立符合经济社会发展的职业价值观,形成匹配的职业认知,为学生走向社会从事工作奠定基础。故高职教育绝不能关门办学,教学目标的制订和整个教学过程的实施都要在这个方向的引导下,并把握社会生产与产业发展的最新动态,有效地将区域社会发展需求融入教学运行与管理之中。

(二)整合功能

文化从整体上来说,都是整合为一体的,有着整体性的特点,作为教学文化来说,这一点表现得尤为突出。这是因为教学文化有着明确的价值取向和目的要求,它是以课堂教学形成的内化了的观念为核心,以预定的目标为动力,通过一系列活动形成的多层面、多类型的文化。它明确地拒绝违反预定价值规范的思想和行为,而对符合者则给予褒扬,从而使得教学中的文化及其成果大多是在一定价值取向影响下完成的这种整合。一般通过三种方式来完成,首先是教师的要求,其次是其他学生的监督和要求,第三是教学过程中长期积累下来的各种规章制度、规范等的要求。职业教育研究专家张健教授认为,职业教育就是整合教育,整合是职业教育的本质规律和存在方式,职业教育的一切存在都是整合的产物并体现着整合的精神和本质。可见,高职教育的教学目标、教学模式和办学方针等是整合的,甚至现代职教体系强调的"服务需求、开发融合、有机衔接、多元立交"四个着力点也是整合的。学校文化是一种整合性较强的文化,因为学校有着明确的价值取向和目的要求,它是以学校内部形成的内化了的观念为核心,以预定的目标为动力,通过一系列活动形成的多层次、多类型的文化。当前,我国职业教育改革也已进入"深水区",高等职业教育教学改革与发展需要深刻的整合的力量。"求木之长者,必固其根本;欲流之远者,必浚其泉源。"教学是高职教育的中心任务,高职教育教学文化的发展与创新必将成为推动高职教育建设与发展的整合的动力。

(三)渗透功能

文化无处不在,它无形地存在于人的一切活动之中,成为影响人、制约人、左右人行为方式的深层的机理性的东西。人创造了文化,文化又反过来制约人的行为,生存在这种文化模式中的人必须使自己的思维方式以及行为方式符合该文化模式的要求。教学文化的渗透性主要体现在以下几个方面:首先,课堂作为社会系统的子系统或组织,其在教学中会潜移默化地使学生接受社会的价值,并使其成为学生固有的品质和个性的一部分;其次,知识作为社会组织的产物,教学内容总是带有意识形态方面的特点,一些研究者认为,学校并不是一个观念开放的市场,而总是会选择特定种类的知识,并把它们组织进教学之中,课堂教学成为渗透主流观念文化的重要渠道;再次,课堂教学对于学生的道德成长、价值感和自尊感等的培养具有重要作用。高职教育教学运行与教学改革不是一种价值中立或价值无涉的纯技术和心理的活动,而是一种价值负载的活动。价值作为文化的核心,从本质上说是社会群体利益的反映。高职教育教学文化是在教学实践中创造的,其价值不仅要体现现代职业教育发展的目标追求,更要反映社会和企业对高职教育人才的需求,承载着社会与集体意识的价值思想。在教学运行过程中,社会和企业的价值观念潜移默化地渗透到教学实践中,形成教学的核心价值观,这是高职教育教学文化的核心。经历实践的创造,高职教育办学中将技术文化要素和企业文化内容深度融合到教学文化中。高职教育通过对接优秀的产业升级精神,打造具有自身特色并带有产业色彩的学校精神,从而提升学校品位,形成自身竞争力,这就是教学文化的价值渗透功能在实践中的体现。

(四)激励功能

美国教育家伯尔凯·史密斯认为:"一所成功的学校应以它的文化而著称。"文化因其强大的凝聚力、渗透力、驱动力、辐射力、教化力而成为学校软实力的核心。教学文化是高职教育在长期教学实践中形成的并为广大师生认同和共享的教学观念及其物质形态的总和,它是广大师生员工教学理想、信念和价值的精神基础,是全校师生价值观的综合反映。当高职教学文化"演化到一个团体的共同的体验核心,以及建立起关于何谓正确的共享的背景时,就成了一个组织的财富",拥有非常巨大的意义和认知控制力量。良好的高职教学文化能够在促使师生认同不同专业的价值、信条、意义的同时,进一步形成健康向上的专业氛围,产生内在激励,激发师生对专业发展的奉献精神,以及对专业建设与学校教育共同发展目标的建立与实现。教学文化作为一种精神力量,它在个体发展中起着重要作用,不仅能够激励教师参与企业锻炼、进修学习等提升专业能力,还可激励学生加强专业知识、专业技能及职业素养等的提升,在无形中不断促进主体发展,并进一步增强教学文化的凝聚力,进而激励该文化中的所有人。因此,高职教育教学文化同样能够凝聚和激励人心。

第二节　高职教育教学文化的特征

一、教学文化的基本特征

教学文化的本质折射出教学文化的特征,根据哲学本质观的要义,人们认识到事物的本质是建构生成的、多元的和主客观统一的,本质不仅是客观现象间的必然联系,而且是本体及其规律、主体及其价值观之间的必然联系。在哲学范畴,本质是相对于现象而言的,主要是指通过实证可感知的资料或概念逻辑的辨析获得实物表现下的抽象的规律性认识。《辞海》界定为:"本质是事物的内部联系。它由事物的内在矛盾构成,是事物的比较深刻的一贯的和稳定的方面,本质从整体上规定事物的性能和发展方向。"《现代汉语词典》界定为"本质是事物本身所固有的,决定事物性质、面貌和发展的根本属性。"提炼概括后,本书认为本质是事物的根本性质,是事物本身所固有的、普遍的、相对稳定的内部联系。因此,从建构生成的本质观审视教学文化,其本质是以教学思想、教学价值观、教学信念和教学行为等为核心的教学生活方式,是教学主体与教学生活的文化融合的过程,是师生集体文化建构过程与建构结果的统一,是一种基于教学环境和教学文本。这种教学文化本质具有三个方面质的规定性:

首先,教学文化是教学主体交往互动的生活方式。教学要回归生活,回归实践,离不开教师和学生的相互理解。师生之间在人生理想、价值追求、文化心理、思维方式、情感态度、行为模式等方面存在较大的差异,但教学文化是师生之间相互作用、双向建构的有机系统,这需要教师与学生交往互动、对话沟通、达成共识,使教师与学生在教学生活中实现文化的融合,以保持系统的稳定和正常运作。教学文化本质上规定着教学主体必须在和谐的教学氛围下,以民主平等、彼此尊重、相互理解为准则,通过对话沟通等交往行动积极地建构师生的教学生活,形成优质的教学文化,真正使教学文化作为师生集体文化的本质得以彰显,使师生集体创造出来的主体价值观得以广泛地弘扬。

其次,教学文化是师生集体文化生成过程与生成结果的统一。教学文化的本质具有建构生成的特点,这就决定了它是师生集体文化生成过程和生成结果的辩证统一。教学文化始终是教学存在的基本形态,教学的存在首先表现为一个人为的、文化的存在,表现为教学既是生成的又是处于过程之中,既是活动的存在,又是关系的存在,所以,作为在教学中生成与发展着的教学文化,毫无疑问应该是文化生成和生成结果的辩证统一及其相互转化。教学文化的生成结果和生成过程可以相互转化,任何一次教学文化的生成过程都以既有的教学文化成果为基础。教学文化的生成过程又始终伴随着教学文化生成结果,所以师生交往互动建构的生活方式本身就是教学文化生成过程与生成结果的相互转化的过程。教学文化持续地生成与转化的动力机制是已有的教学文化与现实的教学需要之间的矛盾冲突,解决这种矛盾冲突就成了教学文化生成过程与生成结果相互转化的动力机制。

再次,教学文化是精神文化、活动文化、关系文化的统一体。教学文化本质上是一种精神文化,其核心是教学思想、教学价值观和教学信念。这三者之间相互关联,相互制约,逐层深化,都以教学行为为表征,教学思想经过主体的教学经验的筛选,结合主体自身的教学风格凝聚成教学价值观,这种教学价值观经过教学实践的锤炼,形成教学主体坚定的教学信念,并通过教学主体的教学行为来呈现,成为实然的教学文化。这种实然的教学文化又深刻地体现教学文化是一种活动文化。教学活动是教学文化的体现,它是客观的、动态的实践文化,教学文化也始终内蕴于教学活动,教学中教师教的文化与学生学的文化交织在一起,交互建构,多元沟通,共同创造,新的教学文化不断生成。教学文化总是与师生的教学活动紧密联系,师生的教与学的目标的确定、教学的交流对话、教学步骤的调整与推进、教学结果的评价与反馈等都属于课堂教学的集体文化生活方式。

当代教学文化的本质规定性不但决定了其终极目标是持续地形成与时代精神和社会需求相一致的完满的人,能追求人生意义和超越自我的人,关心"我与你"潜能与价值实现的人,而且也决定了教学文化具有规范稳定性、实践指导性、情境渗透性和发展创生性的特征。

1.教学文化的规范稳定性。教学文化一经形成就会成为一种稳定的、持续的的教学规范,自发地或自觉地规定着教师教的行为和学生学的行为,潜移默化地影响着师生的生活方式。例如,素质教育提倡的合作型教学文化主张师师合作、师生对话、生生交往,组成教与学的共同体,彼此分享教学智慧和成果,合作探究教学难题,共享成功的欢乐和喜悦。这种合作型教学文化规范着师生在价值理性的引导下共同追求自我实现的目标,追求教学主体的精神与实践的解放。可见,教学文化能够持续地规范师生的教学行为,而且教学文化具有相对稳定性,这也说明了为什么教学改革往往步履维艰,根源在于教学文化的形成需要长期的过程,它的稳定性决定了教学思想、教学价值观、教学信念和教学行为的变革不可能一蹴而就。

2.教学文化的实践指导性。教学文化是在教学实践中生成的,它既来源于教学实践,又指导教学实践。不同的教学文化类型有不同的教学实践与之呼应,教学文化指导着师生的教学行为并决定着师生生活方式以何种形态呈现。教学文化包容了丰富的内容和意义,它能否被学生选择、加工和内化,直接关系到教学的有效程度和学生认知水平的提高。教学文化不可能脱离教学实践而存在,教学实践也无法逃避教学文化的指导,教学文化的实践指导性是通过教学交往体现的,教学交往是一种"人与人之间的相互作用,但它主要是以人类已有的认识成果为中介而进行的教师与学生、学生与学生间的现实的相互作用。教学交往是伴随着教学认识活动而展开的自觉的、高水平的交往"。正是教学交往机制使教学文化得以统摄教师的教学理念,规约学生。

3.教学文化的情境渗透性。教学文化有助于创设情境,营造特殊的精神环境和心理环境,而且它具有弥散性,能有机地渗透于教学过程,决定师生的生活方式。富于诗情画意、优美典雅、活泼圆润的教学文化能够给师生带来轻松、愉快的教学氛围,能够渗透到师生交往互动的生活世界,从而能潜移默化地影响着师生的气质、情感、情操、性格、意志、信念,能陶冶师生的美好心灵,使师生产生畅悦的美感。只有师生在良性教学文化的情境中陶冶了高尚的情操,激发了浓郁的学习兴趣,开发了创造的潜能,净化了灵动的心灵,提升了道德品质,师生才能获得教与学的快乐和幸福,才能获得情感共鸣,生成高峰体验,达到教学中主客体融合、物我两忘的境界。

4.教学文化的发展创生性。教学文化是个有机的生态系统,系统不断地与外部交换信息、能量和资源,系统内部也不断地调整、改革与创生,这样才能维持教学文化系统的生态平衡。可见,教学文化既是一个内外部相互作用的、活动的、发展的系统,又是一个内部"自我组织、自我适应的有生命的系统"。教学文化系统会随着社会环境的变迁、文化的沿革、教学实践的深化不断地发展创造,不断地抛弃那些与教学现实不适宜的成分,也不断地吸收与借鉴先进的理论与经验。它会在教学主体的文化自觉意识的精神统领下消弭自身与教学实践的差距,更现实地贴近师生的教学生活,更真切地为教学打造一个充满教学机智、教学美感、教学伦理和教学艺术的文化境界。教学文化系统内部的平衡也将随着教学实践的发展和师生知识与意义的建构而不断地被打破,它吐故纳新,生成新型的教学文化。

总之,当代教学文化在本质上是以教学思想、教学价值观、教学信念和教学行为等为核心的教学生活方式,是教学主体与教学生活的文化融合的过程,是师生集体文化建构过程与建构结果的统一,也是一种基于教学环境和教学文本,通过师生教学交往而生成的精神文化、活动文化和关系文化。它具有规范稳定性、实践指导性、情境渗透性和发展创生性的特点。明晰这些本质与特征,有利于教学文化健康而持续地发展,有利于提高教学品质,也有利于师生反省与改善教学生活,促进教学文化在课堂实践中走向自觉与超越。

二、高职教育教学文化的特征

现代高职教育作为高等教育的一个类型,经过几十年的发展,其教学文化在形成与积淀过程中,既呈现出作为一个一般教学文化形态所具有的"规范稳定性、实践指导性、情境渗透性和发展创生性"等普遍性特征,又具有一些特殊表征,诸如创生性、人本性、实用性、职业性、实践性等。

(一)理念诉求的人本性

高职教育不是一般职业培训的纯功利性教育活动,而是以"人的全面发展"为观照的教育,有别于纯功利性的职业培训,是"育人",而非"制器"。"教育是去引导,不是去左右;教育是影响,不是去支配;教育是感染,不是去教训;教育是解放,不是去控制。"高职教育是以学生为本,充满人文关怀,有人性温度的教育。既要让学生通过职业技能的熟练掌握,获得一技之长,又要让学生通过职业素质的培育,职业精神的熏陶,职业操守的养成,获得有尊严的工作和生活,达到"行有余力,则以学文"的境界,这或许应该是高职教学文化最为深刻的价值指向和最为根本的生成之道。在工学结合模式的教学中,学生不仅要进行操作技能的训练,还要获得心智技能的训练;不仅注重经验层面的能力培养,还将其上升到策略层面;不仅能获得专业能力,还可获得方法能力、社会能力等;不仅注重职业技能训练,还重视职业素质的培养。借助有效的课程载体,对职业素质的培养通过"课堂主渠道"的教育教学得以实现,使学生在掌握职业技能、考取职业资格、形成职业能力的同时,为终身学习和可持续性发展奠定基础。而从加德纳多元智能理论出发,工学结合模式及其教学从职业岗位分析的角度,注重技能的培养而不是针对学科体系的学习,在满足社会需求的同时重视人的个性需求和发展。与传统的用一纸成绩衡量、评价学生的方式相比,职业院校要更加强调以人为本的整体性评价观,倡导多元智能的人才观考核评价方式更加多元化,如考核内容分为专业能力考核、方法能力考核和社会能力考核等,包括对学习过程各环节、学习方法、工作方法、团结协作精神、劳动纪律、工作态度等方面的考核,更全面衡量和评价学生。

(二)价值追求的实用性

高职教育教学文化的实用性特征源于高职教育实用性教学理论,实用性教学理论是一种典型的"目的—手段"式结构。教学是一种有目的、有计划、有步骤的活动,教学目的一般是在教学过程之前就已经建立,在教学目的的指导下,教学活动得以系统开展,教学活动必须服从或服务于已预定的教学目的。高职教育教学中注重知识技能的使用价值,培养学生适应社会生产就业能力,强调操作技能的专业,不拒绝知识的碎片化,但注重知识技能解决实际问题的功效。技能是高职学生发展的坚强依托。"中国制造2025"、工业强国梦想的实现需大批"大国工匠"之类的高素质技能型人才。高职教育作为高素质技能型人才培养的主阵地,要在学生当中大力宣传"劳动光荣、技能宝贵、创造伟大"的思想,在专业知识讲授中增加技术能手等重要内容,深入揭示专业的价值理念和文化底蕴。加强工业中心、实验室、实训室等场所的职场化建设。体现专业特色,深具文化意蕴的职业素养、工作规范与标准等职场文化元素上墙,培养学生具有相关的行业(企业)人文素质、思维方式和职业规范。举办内容丰富、形式活泼的大学生科技文化节,完善学生技能大赛竞赛体系,选拔优秀选手参加省赛、国赛,大力表彰获奖选手,设立师生作品实物展示区,展示广大师生优秀原创作品,营造技能宝贵的文化氛围。高职教育在这种符合社会发展需要的教学目的维系下,坚持实用性原则,在培养对象、招生人数、学校布局、专业种类、课程计划、评估标准以及实际教学过程与方法方面,以适应区域经济社会发展需要为基础,高职教育教学活动必须紧紧围绕这个原则,否则任何形式的教学与课程的改革、人才培养方案的制订都无实际价值可言,将会被社会和个人所排斥。

(三)内容取向的职业性

高职教育的教学是以培养学生综合职业能力为目的的,在高职教育人才培养过程中教学的职业性在各个环节有所体现。贯彻高职教育"以服务为宗旨,以就业为导向"的办学方针,在高职教育的专业教学中体现出职业的工作过程特征,体现职业资格标准要求。高职教育的培养目标与功能要始终体现这二重属性,要注重培养学生职业技能、职业素质,强调形成集人文素养、职业精神、职业技能于一体的育人文化,要求加强文化素质教育,改变培养过程的"见物不见人""重技能轻人文"的工具理性偏向,把技能培养、知识获得与品德修养、人性涵养紧密地结合在教育教学之中,既教书,又育人。通过课程开设、社会实践等把人文素养和职业素质教育纳入人才培养方案的要求落地生根,深入挖掘专业课程中的文化要素和人文精神,促进职业技能培养与职业精神养成、文化育人与专业教学活动的有机融合。无论是学习领域的开发,还是学习情境的设计,都来源于真实职业岗位的工作任务;无论是教学内容中产业、行业、企业、职业、实践等要素的融入,还是"职业能力培养"的教学目标,无不与"职业"密切相关。高职教育的专业设置要以职业或职业岗位群为依据,在校期间要培养学生毕业后主要职业岗位能力,知识、能力、态度要针对学生未来职业的发展需要而设计,要着力培养学生相关职业兴趣和职业道德。职业性是高职教育教学文化的主要特征之一,也是高职教育教学的功能与价值的重要体现。高职教育教学的实施,必须以职业岗位群的需要为依据制订教学计划,在进行职业能力分析的基础上,构建学生知识、能力、素质结构,且职业知识和职业能力的提高,主要着眼于产业结构和产品结构的调整,通过不断更新教学内容,调整课程结构,培养学生掌握新设备、新技术的能力,使毕业生具有上手快、适应性强等职业特点。

(四)参与主体的多元性

在《国务院关于大力推进职业教育改革与发展的决定》中提出,要建立并逐步完善在国务院领导下,分级管理、地方为主、政府统筹、社会参与的管理体制;要形成政府主导,依靠企业、充分发挥行业作用、社会力量积极参与的多元办学格局。高职教育对社会环境的依存性增强了,高职教育只有吸纳全社会的力量才能办好,要求其办学必须是开放、灵活、多元的。由于高职教育培养的人才主要是服务区域经济社会发展的,地方是高职教育的办学主体和利益主体,高职教育教学必然会融合地域文化的特色。根据《国务院关于加快发展现代职业教育的决定》,高职教育"培养服务区域发展的技术技能人才,重点服务企业特别是中小微企业的技术研发和产品升级,加强社区教育和终身学习服务"。因此,高职教育教学要体现地方文化特色的同时,还要强化校企协同育人,尊重与吸纳企业价值观和企业文化。高职教育教学要尊重并把握住企业的文化,通过企业技术能手和专家进学校、高职学生进企业实践相结合,实现高职教学文化与企业文化的有效融合,增强学生的职业能力。高职教育教师既要有面向教育的学术阐发、理论创新能力,又要有面向产业和企业的技术应用、工程实践能力;既是教师,又是工程师。高职教育要在制度设计、政策安排、配套支持上为教师上述能力的获得提供组织上的保障和帮助,大力支持和鼓励教师积极深入企业实践,参与企业新技术的改造、新产品的研发、流程的再造等,不断提高工程实践能力。学校在教学改革、课程设置、教材开发、实训实习等各个教学环节要充分吸纳行业、企业的意见,实现人才共育、过程共管、成果共享、责任共担,充分体现企业的重要主体作用。不能把高职教育办成只是高等职业院校的教育。

(五)方式选择的实践性

实践是高职学生成长的重要基石。在人才培养目标导向上要突出学生实践精神的培育,在人才培养模式的改革上要突出学生实践能力的培养,在教学内容安排上要加大学生实践的力度,在教学方法的设计上要注重学生实践技能的获得。加大实践教学的力度,不断推进项目导向、基于工作过程、案例推演、角色扮演以及教学与实训融合的教育教学活动,增强专业教学的职业性。无论是校企合作办学模式的确立,还是工学结合人才培养模式的实施,其目的均为提高人才培养质量,突出学生的实践能力培养。要将实践精神体现在高职教育教学活动的各个环节中,从课程开发到教学实施,从实训教学和顶岗实习到强调教师的实践经历,从实训基地的建设到教学制度的改革,都要围绕"实践"进行。故实践性不仅是高职教育教学文化的本质特征,也是高职教育教学文化形成的基础。高职教育教学文化的实践性特征是由高职教育培养目标和教学特点决定的。1999年底,第一次全国高职高专教学工作会议提出的高职高专的培养目标,突出了学生的实践能力的培养,高职教育要达成这样的目标,需要通过实践教学的实施来实现。实践教学是在企业、实验室、社会等场所完成的,通过学生亲身实践,将感性认识上升为理性认识,使学生将知识、技能与技巧融为一体,将已有知识转化为认识世界、改造世界的能力。与普通高等教育不同,高职教育在教学中强调实践技能的"必需"与理论知识的"够用",特别是注重操作技能的实践性,"学以致用""知行合一"成为高职教育教学实践的基本原则。高职教育教学过程中,需要紧密结合各行各业工作实际,建立仿真性实验基地或实验室,通过操作性技能学习促进学生掌握生产技能。高职教育教学质量的评价也要相应地侧重考查学生所学知识技能是否转化为个人就业和创业的实际能力。

(六)课堂建构的创造性

高职教学文化的创生性体现在高职教学文化的创造性之中。创新是一个民族兴旺发达的不竭动力,是当代青年必需的素质。在当今时代,具有创造性的学生在社会发展中具有巨大的潜力。学校教育要培养具有创造性的人才,则势必需要一种宽松、愉悦、具有创造性的氛围。教学文化的创造性或间接地给学生以环境熏陶,或直接作用于学生创造力和创造性人格的培养,在这种环境下,学生的创造力得以综合提升。在创生性的教学文化下,专业知识、职业技能和职业素养是在学生与教师的交往中开放的、流动的、情境化的与建构的。教师可以给学生提供专业知识、专业技能等,同时学生也可以将当下获取的最新科技知识等传递给教师。教师不再是教学的唯一主体,不再照本宣科,学生也不再是旁观者,而是主动建构者。学生对一些知识、技能进行选择性地吸收,教师也将对教材上的内容加以删减或添加。高职教学文化的创生性也体现在教师的教学过程中,教师在教学中想方设法鼓励学生多思考、多提问、多表达、多实践,促进学生思维能力和动手能力的发展,帮助学生在新知识、已有知识、跨学科知识、生活中的知识之间对话,培养学生的探究兴趣,使课堂成为师生享受探究快乐的园地。教师不仅在教学的过程中要给学生思考、实践的机会,还要根据知识、技能的类型对学生进行不同方式的教学。

第五章　高职教育教学文化的价值取向

职业教育是与国家经济发展密切相关的教育形式,高职教育在开发我国人力资源与提升国家综合竞争力方面发挥着重要作用。进入"互联网＋"时代以来,面对全球化、信息化和知识经济发展的新趋势,我国高职教育面临着更加复杂的内外部环境挑战。在这种情形下,高职教育只有发挥好技术技能人才培养作用,才能真正体现自身的价值。在这一过程中,树立正确的高职教育教学文化价值取向对促进高职教育改革与发展尤为重要。

第一节　教学文化的价值取向

一、价值与文化

关于"价值"这一概念,学术界有着不同的认识,归纳起来,可以分为以下三个方面的观点:第一种,价值同事物一样,是一种"实体"存在,它独立于其载体和评价主体之外,也独立于人们的意志、情感、理智、认识和"经验"。这种作为客体存在的价值可以分为两种,即唯客体论的实体说和唯主体论的客体说。唯客体论的实体说把价值直接等同于人认识的对象"客体"。唯主体论的客体说把价值理解为人,人就是价值本身,除了人之外,就不存在价值问题。第二种,价值即事物固有的属性。这种观点认为,价值是客体本身固有的某种性质或属性,事物本身具有不依赖外在条件的内在价值,信奉事物本身就是善的或者恶的。第三种,价值即关系范畴。这种观点认为,价值就其实质来看,是一种关系存在,它既不是实体,也不是事物固有的属性,而是事物对人或事物的效用,价值因事物与人或事物的关系而存在。它可以分为广义和狭义的关系说。广义的关系说认为,价值是事物或者人相对于人或事物而言的。狭义的关系说认为,价值是对象或客体相对人而言的。这种狭义的关系说也可以称为"主客体关系说"。这种观点认为,价值的基础是主客体之间的相互作用,而且价值的产生也源于主客体之间相互作用。辩证唯物主义者马克思则认为"价值,这个普遍的概念从人们对满足他们需要的外界物的关系中产生"。这句话包含三层含义:价值产生于主体的需要;客体具有满足主体需要的属性;价值形成于主客体之间不断发展的需要与满足关系的。

文化也处于一个无形的价值观体系中。在这个体系中,核心价值观的发展变化直接影响着整个文化的发展,决定文化的发展方向。高职教育教学文化作为一种精神生态,由若干抽象的精神要素组成,从其与高职教育、高职教育教学之间天然的互动关系来看,其核心要素包含了高职教育对其教学活动所坚持的基本价值定位以及在其指导或影响下所产生的行为方式。这种基本价值定位和引导主要集中于以下三个方面:首先是以知识、学问为基本指向的知识本位价值,它注重文化的传承与创新,追求知识与学问;其次是以人的培养为基本指向的人本位价值,它注重个体的发展,将培养人才、塑造人才作为教学的主要目的;再次是以服务社会、适应社会为基本指向的社会本位价值,它将提高社会公众的素养、促进社会现代化视为教学的主要使命。

二、教学文化价值取向

价值取向(value orientation)是价值哲学的重要范畴,它指的是一定主体基于自己的价值观在面对或处理各种矛盾、冲突、关系时所持的基本价值立场、价值态度以及所表现出来的基本价值倾向。文化价值取向是个体在价值判断的基础上进行的价值追求，以价值理想为目标，是一种立足于价值的动态分析。文化价值取向一定程度上表现为文化层面的价值取向。个体具备一定的价值取向意味着其在进行一定的文化选择时，将某些价值观默认为优势观念形态，或者对某些价值观认同并内化为自身人格结构中的核心部分。价值取向的过程是价值主体立足于自身生存与发展的需要对价值客体进行价值预设的过程，这一过程体现主体的价值倾向。文化价值取向可归纳为：主体基于文化的一种价值期待、判断、选择和追求的意向。它不是孤立存在的，是整个社会价值体系构成中的重要部分。在社会条件的影响下，它反映整个社会的性质与状态；同时它又影响社会价值观的形成与转变，一定程度上反映社会变化与发展的方向。

第一，知识本位：高职教育教学文化的传承与创新。高职教育教学首要关注的是作为文化结果的创造物的复制与再生。知识、经验、价值观、技能等，都是在文化过程中产生的，是文化的创造物。教育文化系统本身就是人类文化的创造物之一，教育对人类文化贡献的一方面就体现在保存人类文化的重要成果和价值体系，为新文化的创生奠定基础。

第二，人本位：高职教育教学文化与个体发展。教学中的个体发展主要体现在学生个体的发展。同学们处在知识、能力、价值观建构的初始阶段，教学文化的全部使命主要是围绕这个将要在复杂多变的社会中生存的"新人"展开。他们即将步入社会，我们要教育他们怎么在社会中生存，对他们进行职业培训。另外，我们还要关照个体的终身发展。终身教育的理念早已深入人心，学校教学不足以为个体提供终身发展所需要的知识和能力，知识更新与职业类别更新的加速使每个人都处在学习化社会之中，简单技能的传授已经不能适应当今的社会转变。高职教育教学正在努力突破一些边界，把个体终身的发展纳入整体的系统之中,这也是高职教育教学文化价值的内在体现。

第三,社会本位:高职教育教学文化与社会发展。高职教育从其形态发生的初始阶段,就与人类社会的生存和发展构成生态互动的整体系统。高职教育教学文化的价值定位总是与社会一定阶段的发展状况密切关联。教学文化与人类社会发展在一种双向互动的过程中共同前行,社会发展不能没有教学文化,教学文化也随着社会的变革确定自身的价值定位,并强化社会发展的效益。一种新的教学文化形态的生成,常常在最深的层次和最广的范围导致人类社会的转型。

第二节 中外职业教育教学文化价值取向的流变

一、职业教育教学文化价值取向的流变

(一)我国传统职业教育教学文化价值取向

我国职业教育相较于发达国家,发展较晚、起点较低,与发达国家的差距还比较大,但是就职业教育思想的萌芽而言,我国传统文化的历史积淀也做出了不少理论铺垫。

先秦时期,我国出现了学术文化的第一次大繁荣——百家争鸣。儒家、墨家、道家、法家、阴阳家、杂家、名家、纵横家、兵家、小说家等十家都希望他们的学说得到统治阶层(统治者)的认同与采用。各学派的士人为了传播自家思想、治国之道,四处游说、讲学,针对社会问题提出不同见解。"百家争鸣"使文化教育范围逐步扩展,不再仅仅局限于贵族阶层,众多拥有广泛学识的文士阶层不断产生,使社会变革更加频繁,同时也给人们带了思想上的巨大解放,有力地促进了思想文化与社会的发展。

儒家思想在"百家争鸣"的过程中汲取百家之长,不断发展与改进,

形成了兼容并包和宽容开放的文化特点,最终确立了中国传统主流思想文化的地位。在我国的传统文化中,儒家文化对我国历史发展起到了深远的影响,并且其影响在一定程度上延续到当下社会。以儒家文化为例,它对于我国职业教育的发展在很大程度上是起到消极作用的。就儒家文化对职业教育的消极作用来说,其文化价值取向表现在以下几方面:

1. 儒家文化的教育目标是"学而优则仕"。儒家教育文化的培养目标是从政的君子,而不是生产劳动者。儒家文化认为学习是为了做官,培养官员是教育最主要的政治目的。社会下层平民要想飞黄腾达,光宗耀祖,进入上层社会,只有刻苦攻读,金榜题名。儒家文化把学习与做官紧密联系起来,培养统治型人才这一教育目的的确立对我国教育产生了深远的影响。这一文化传统使得社会缺乏培养技能型劳动者的观念,劳动者长期处于社会底层。这种价值观念导致人们轻视科学技术和劳动生产,忽视职业教育对社会经济发展的作用,有力地冲击了我国职业教育健康有序地发展。职业教育的培养目标是经世致用的实用人才、科学技术人才、生产劳动者。受儒家教育文化影响,孔子以后的两千多年,中国教育界一直盛行"读书做官论"。统治者也把教育作为巩固自己统治的工具,实行科举制度来选拔人才。科举制度和儒家教育目标致使中国教育几千年来不为生产实践服务,不培养有文化、有技术的劳动者,更无从谈起系统的、正规的职业教育了。因此,儒家教育文化"学而优则仕"的教育目标在高职教育教学文化的形成过程中产生了诸多阻碍因素。

2. 儒家文化的教学内容重脑力,轻体力。儒家文化的教育目标是做官的君子,不是生产劳动者,教育内容就只是伦理道德知识,不需要教学生科学技术知识和劳动生产知识。儒家的教育内容是六艺——"诗""书""礼""乐""易""春秋"。可以看出,六艺主要是教育学生做一个有道德的人,其次要提高自己的文化知识,"学有余力,则以学文"。

科学技术和劳动生产知识不仅没有涉及,还受到轻视。"劳心者治人,劳力者治于人"就是最好的体现。儒家的教育内容在客观上也阻碍了我国职业教育的发展,不利于高职教育教学文化的形成。

3.儒家文化的教学方法重论辩,轻社会生产实践。儒家文化的教育内容主要是一些伦理道德、治国方略,不是科学技术、生产知识,在方法上也主要是进行课堂灌输与讲解,进行理论思辨,而不是进行生产实践和科学实验。在正统的儒家教育经典中,几乎没有什么科学实验、劳动实践等具体操作性的教育方法。我国存在了 1300 多年的科举制度也迫使人们在学习时死记硬背,导致了学校教育重文辞少实学,形成了教条主义、形式主义的学习风气。广大知识分子终日埋头于经书典籍,不研究现实学问及自然科学知识;同时,这种教学方式也使他们失去了独立思考的能力,形成了重权威轻创新、重继承轻发展的思维方式。

与孔子同时代的杰出思想家和教育家墨子就很重视职业教育,显现出有别于孔子所代表的儒家教育的不同特点。这些特点不论从教育宗旨、培养目标、价值取向,还是教学态度、教学方法、教学原则,对当前的高职教育教学文化都具有理论和实践的重要启示意义。在价值取向上,墨子重视科学技术教育和劳动教育,主张"述而且作",培养弟子的创新精神。在培养目标上主张"智术百工",认为劳动技能本身无贵贱,主张人尽其才,合理分工,以争取获得最大化的社会效益。墨子重视实践性教学,提出"言而有信""士虽有学问,而行为本焉"。教师要在实践教学中把新技术、新工艺、新知识、服务理念不断引人教学实践中。他指出"必量斤力所能至,而从事焉"。除了培养学生动手技能,还要开发学生的心智技能,此外,"事无终始,无务多业;举物而暗,无务博闻",通过提高逻辑思维能力,开发人的潜能,从而使创新能力逐步提高。上述这些思想都值得我们深入学习、研究和借鉴。

但我国传统上,儒家思想占据主要地位,在儒家文化价值取向的影响下,职业教育培养的人才从事的是具体的生产劳动,我国职业教育身处社会底层长期得不到重视。这在很大程度上影响了职业教育的社会地位,整个社会的文化倾向都对技术的社会价值产生质疑,致使职业教育得不到较好的发展,我国很多优秀技艺失传。

(二)我国近代高职教育教学文化价值取向

我国近代史中,由于西方列强的入侵,国家命运遭遇到空前的危机与挑战。中国的一些有志之士、爱国学者开始学习西方的先进文化,积极探索救国之路,避免亡国灭种的危机。这一阶段,职业教育的积极探索与大力推广成为救国的关键,为职业教育创造出短暂的兴盛时期。在这一特殊的历史时期,我国的职业教育教学文化价值取向主要有以下方面:

1.职业教育的教学目标是实业救国。在国家前途和民族命运生死存亡的危急时刻,有志之士和爱国学者认识到只有教育才能救国,只有大力发展实业教育才能救中国。这方面的杰出代表人物是蔡元培。蔡元培主要主张学堂应讲有用之学,反对学习与己与国都无益的科举制艺,他批评甲午之后国内书院、私塾仍然只讲四书五经,主张改弦易辙,抛开读书做官的旧观念,致力于农工商等实业之学。我国地大民贫,人民失业者众多,实业教育应该本着解决人民就业,增加财力,挽救国家经济衰亡的宗旨。他倡导将普通教育与实用知识技能相结合,以人民生计为普通教育的中坚,不仅传授各种普通的文化科学知识,还重视发展实业的知识和技能,并提供一定的职业训练。

2.职业教育的内容平民化。黄炎培从社会发展的角度,将平民作为职业教育的发展对象,认为职业教育就是用来解决平民问题的,而广大平民问题的解决才能实现国家命运的逆转。办职业教育不能仅从发展资本主义工商业着眼,必须顾及劳动人民的利益、需要和可能,教育的重心应往下,真正为大多数劳苦民众服务。他认为,办职业教育须下三大决心,即"须下决心为大多数平民谋幸福""须下决心脚踏实地,用极踏实的工夫去做""须下决心精切研究人情、物理,并须努力与民众合作",要保障社会大众无论家境是否贫寒、地位是否高贵、天资是否卓越、能力是否突出都可以获得平等受教育的机会。蒋维乔突破"女子无才便是德"的传统思想的束缚,积极倡导女子职业教育,努力拓展职业教育的受教育范围。

3.职业教育的功能是解决生计。陶行知认为,职业教育的作用是生利,创造物质财富或者增加社会价值。农业生产谷物、工业制造机器是职业教育,商贸交易、医生治病、教师教学等增加社会价值的技艺也是职业教育的范畴。职业教育不仅仅解决个人温饱,还要能为国家民族服务。职业教育就是培养学生自力更生,自己能够获得衣食住行所需的物品,自己有生存的技能和本领。

这一时期,社会主体对于职业教育的认识已经慢慢脱离了实业教育时期的物质层面,开始思考教育的社会功能,以及教育对于个人的影响。职业教育的内容也越来越贴近平民需要,而不是单纯考虑国家需要。职业教育也更多地考虑个人生存问题和经济社会发展的需要。这些极大地促进了职业教育的发展,是明显的进步。

(三)我国现代高职教育教学文化价值取向

发达国家通过职业教育不断提升本国的国际竞争力,在此背景的影响下,我国也日益重视职业教育,政府推出了一系列政策法规鼓励推广高职教育发展。而知识与信息和"互联网＋"时代的到来,多元文化的碰撞,让我国的高职教育教学文化精彩纷呈,这一时期的高职教育教学文化价值取向有以下特点:

1.注重职业素养的教育。现代职业教育正经历着职业能力向职业素养转变的价值取向。职业能力的内涵随着技术的变化在逐渐发生变动,仅仅具备良好的职业能力已经不能满足当今社会的需求,职业素养的提升才是我们追求的终极目标,具备良好职业素养的人才具有较高的竞争力,才能获得更好的职业发展。职业素养是每位公民可持续发展的原动力,职业素养是从业者发展和完成职业行为所必备的基本知识、技能和能力的总和,集中反映着从业者在实践工作过程中的精神面貌和实力,是完成和发展工作任务的必备要素。良好的职业素养还可以促使从业者认真对待每一份工作,把握好每一次职业发展机会。这要求我们在职业教育的教学上注重学生职业素养的教育,培养学生提高自己的职业素养,认真对待每份工作,把握每次提高自己的机会。

2.注重技术人文主义的教育。职业技术教育,顾名思义,要传授技术,技术教育在职业教育中也占据主导地位。这促使我们在高职教育教学中重视技术的传授,把技能培训作为学校教学的主要甚至是全部内容。进入 21 世纪,世界各国在人才方面的竞争越来越激烈,各国都十分重视人才的综合素质的提高。在现代社会,人才不仅要有过硬的专业本领,较好地选择和发展职业,更要具备广博的知识和普适的道德观,这样才能更好地工作和生活。现代高新技术也对从业者的要求越来越高,这要求我们在高职教育中培养学生的综合素质,培养学生终身学习的理念和团队合作意识。创新能力是现代技术竞争的核心,要培养学生的创新创业能力,必须在教学中加强技术和人文教育的融合,把二者很好地结合起来。技术人文主义教育是我国职业教育现代发展的趋势,在很长一段时间内都会发挥作用,引导我们的教学。

3.后现代主义的渗透。20 世纪 90 年代以后,后现代主义思潮引起了世界各国的共鸣,对我国教育界也产生了巨大的震撼。现在,我国处于经济转型发展的关键时期,廉价劳动力已经不能适应我国经济的发展,高技能人才的缺失成为制约企业发展的关键。后现代主义的一些思潮有助于我们提高本民族人才的综合素质,在世界竞争中占有一席之地。在后现代主义的冲击下,职业教育呈现出多元化的教学目标、兼顾专业能力和自然人文素养的教学内容、融合统整的教学组织形式。这成为现在和以后一段时期内职业教育的教学文化价值取向,影响我国职业教育的发展。

二、国外职业教育教学文化价值取向

(一)实用主义

实用主义立足现实,鼓励人们积极行动,去创造。实用主义把效用作为价值判断和真理判断的标准,讲究实效性。它反对机械决定论,认为世界不存在唯一版本的绝对真理。实用主义以美德等国为代表,并在它们的推动下逐渐扩张到整个欧洲大陆,渗透到职业教育领域。具有代表性的当数美国教育家约翰·杜威的实用主义教育思想和德国的双元制。

约翰·杜威亲身经历了美国由农业社会向工业社会的转变,目睹了美国传统学校割裂了学校与社会生活的联系,深切感悟到学校已经无法满足美国工业化社会发展的需要了。他认为传统教育有很多弊端,如:学习与社会生活脱节;学校不注重学生的心理,学习的内容脱离现实生活;学生对学习不感兴趣。为此,他提出了实用主义教育思想。

实用主义强调增强学生实践能力的知行教育观,认为教育具有社会功能,教育是一种社会现象,教育的本质是社会过程,突出职业教育的技能训练。主张教学应从学生的经验和能力出发,使学生在游戏和工作中采用与儿童、青年在校外所从事的活动相类似的活动形式,提出了"从做中学"的教学思想。美国的职业院校在教育中很注重培养学生掌握实际技能,具备就业和实际生活中所必需的能力。在学校教学中,除了安排理论知识的学习,还进行实际操作技能的训练。在教学形式上也加强学校与企业的合作,建立各种校外实训基地,促进学生直接参与企业操作,实现技能训练的多样化。

德国人口众多土地较少,受地理环境的制约,德国的自然资源相对贫乏。为了让本国在世界经济发展中取得主导性地位,德国人只能依靠自己高质量的产品,发挥自己的技术优势。19世纪下半叶,德国的加工和制造业开始迅速发展。德国希望依靠加工和制造业来解决其自然资源贫乏的困境,劳动岗位的专业化成为发展的关键因素。受实用主义文化的影响,凡是涉及社会生活中所需要的东西,从日常的衣食住行到参与社会政治等都会成为教育的内容。为了培养工人的综合技能,德国在学校中率先发展实科教育,以面向社会、联系实际为主要特征,设置专门的培训机构。19世纪后期,德国开始陆续建立专门的培训场所,以满足大工业发展对操作工人的需求,逐渐探索出企业与学校协作培训学生的"双元制"模式。这一模式效果显著,德国迅速发展成为领先其他国家的经济体,世界其他国家纷纷开始学习这一模式,在本国的职业教育中大力推广。

"双元制"是严格按照市场需求进行人才培养的,将国家、社会、企业和个人的发展全部纳入职业教育过程中,实现个人、企业、社会利益的现实化,应用性和针对性地为职业教育的发展注入了不少活力。为保证实现高职教育的目标,"双元制"把知识与技能分为若干单元,形成不同模块化的综合课程体系,注重知识的广泛性和实用性,使知识与技能有机结合,避免重复,注重学生职业技能的训练,使学生能较好地掌握专业,并在毕业后能立即投入工作。

由于地域与时间的差异,各国文化传统不尽相同,但是职业教育的长效发展很大程度上是在实用主义的文化内涵下展开的。发达国家依托职业教育实现了经济的长效发展,而重视实用的职业教育教学文化价值取向又为职业教育发展和国家经济的长效发展奠定了基础,注入了活力。

(二)职业平等

平等并不是相等或平均,而是在人与人的相处中,个体在精神上互相理解、互相尊重的不区别对待的平等享有的社会权利与义务。对职业教育而言,平等理念意味着其在整个教育系统中地位平等、人的生命价值平等、职业选择平等。不同的职业只是工作内容与方式不同,不存在高低贵贱之分。普通高等教育与高职教育只是肩负不同职业领域的教育职责,不会造成社会等级的划分。对于职业平等,德国和美国的文化做出了很好的说明。

劳动创造的价值理应获得社会的普遍尊重,为德国的职业平等观奠定了广泛的群众基础。德国的教学内容分为学术性和职业性两大部分。这两部分的教育本身并无高低之分,只是依据不同人的不同爱好实行不同的教育罢了。人们按照个人的喜好选择职业,每个人都能尊重他人的职业选择不把自己的意愿强加给他人。德国尊重劳动、尊重技术,劳动不仅是人们生存的一种手段,也是一种价值取向。掌握某种职业技能不仅是人们生存最重要的基础,也是实现个人社会价值的重要前提。年轻人选择职业教育不是被某种压力所迫,不是没有办法的下下之选,而是一种自我价值的体现。德国人对于职业的认知有着浓厚的宗教色彩,马丁·路德的"天职观"促成了德国人尊重劳动的文化传统。马丁·路德认为,天职具有"世俗性、平等性和神圣性",并且不限于职业。职业不仅是一种工作,一种生存工具,更是上帝对臣民的角色安排。忠于职守就是服从上帝的安排。这样,劳动、工作与生产经上帝的安排,在德国人心中具有极大的使命感和责任感,人们尊重生产、尊重劳动,具有特殊工作能力和劳动技能的人也理所当然地成为受社会尊重与爱戴的社会阶层,职业教育也水到渠成地得到社会各界的广泛关注。包容、开放的文化环境营造出自由、平等的社会氛围,为德国职业平等观注入许多活力。随着工业技术和工业的发展,某个人在社会中从事某种职业,都是代表了一种社会职责,应该得到普遍的尊重。多民族、多种族的多元文化构成了美国文明的历史,这也造就了美国文化的包容性与开放性。包容与开放的美国文化孕育开放的职业教育。职业平等观也成为推动职业教育发展的关键,不同的职业都有其存在的合理性,不同职业的选择只是主体的兴趣爱好,不存在等级划分。美国的社区学院和专科学校除了开设职业课程外,还开设普通教育的课程,有机融合了学术性课程和职业性课程,为莘莘学子提供较为开放的提升空间,直接实现民众自由选择的诉求。

虽然各国的文化体系不同,但是职业教育的开展都需要雄厚的群众基础。而职业平等的文化观,可以让民众深刻认识到职业教育的本质,可以根据自身兴趣和潜力自发、自觉地做出选择,构成职业教育发展的中坚力量。

(三)技术主义

职业教育的关键是培养工作者从事该职业的技术与技能,通过技术与技能完成生产任务从而促进经济发展是职业教育发挥其经济功能的重要途径。随着世界经济的快速发展,技术与技能获得的方式日益多元,其肩负的社会价值越来越大,现代职业教育的发展与本国重视技术的文化内涵有着密不可分的关系。

德国人历来推崇技术主义,对技术与技能的重视有着悠久的历史文化传统。拥有"工匠王国"之称的德国,崇尚手工制造,注重技术与技能人才的培养。在德国人看来,手工制造可最直接有效地改善生活,其社会价值远高于理论文化知识的传授。德国重视手工业和技艺的发展,评价人才不是单独根据学历、职位,而是依据人们对社会贡献的大小。培养一名技术精湛的劳动者与造就一个知识广博的博士研究生,对促进经济发展和社会进步具有同等重要的意义。由此,德国不唯学历至上,学历的高低、知识的多少,不是人才评价的唯一标准。德国人将人才与社会贡献相结合,人才的评价依据个体对社会的贡献度大小。只要能够对社会发展做出贡献,就符合人才的标准,就是该国的重要人才。

日本是一个人口稠密的国家,但是自然资源的匮乏、人口数量的下降,需要通过知识资源来有效创造产品的附加价值。因而,企业、学校采取政府联动的产学官合作模式是知识经济时代下日本经济发展的必然选择。日本通过企业内培训、学校教学推动、政府支持三方联合的模式来推动职业教育的发展。这个产学官合作教育体制顺应经济发展的趋势而生,将学校和产业界紧密联系起来,使学校培养出更多更能适应社会和行业需要的人才。职业教育涉及的领域集中在高精尖行业,对技术的要求更高,高技术人才的培养也成为现代职业教育发展的重点。这一文化传统和模式也促使日本迅速恢复本国的经济,在世界经济体系中占有重要地位。

学徒是最早的职业教育形式之一,这种形式以技能教育为中心,强调直接经验的获得,为行业培养合格的职业工人,在某种意义上体现了职业教育的职业性特征。为了维持生产、传承技艺、创新技术,以训练培养合格的职业人才、从业人员,进行劳动力的再生产,中西方国家都有学徒制。随着时代的发展,英国在借鉴吸收传统学徒制的基础上,把发展现代学徒作为实施职业教育的一个重要途径,力求从根本上解决学校职业教育与企业需求脱节的问题。现代学徒制把建立在传统手工业基础上的职业培训制度向一些新兴行业(如 IT 产业、先进制造业、现代服务业等)扩展,把学徒培训与国家职业资格制度结合起来,使学徒培训的质量评价有了可靠的依据。现代学徒制的建立为英国职业教育的进步注入了新的动力。一方面,政府以宣传指导的形式鼓励雇主、公司、企业对本行业工人开展学徒制教育;另一方面,以国家职业资格证书(NVQ)吸引年轻学生参与到学徒制的培训中。现代学徒制的发展趋势反映出英国对技能的重视,认为获得技能是人成功的关键,而扩展学徒是缓解技能不足的重要途径。

职业教育的发展源于对技术与技能的培训,大多数发达国家职业教育的推进过程正是对技术与技能培养方式不断探索的过程,这与技术主义的文化传统有密切联系。

(四)人文主义

人文是相对于技术而言的,它强调在技术获取的过程中,更加突出人的价值与生命追求,主张促进人的全面发展、终身发展。人文主义教育不仅体现在开设一门人文学科,还表现为人文主义精神的传播和启迪。伴随知识信息时代的到来,发达国家的文化环境更为复杂,后现代主义思潮应运而生。后现代主义思潮强调多元、崇尚差异、主张开放、重视平等、推崇创造、否定中心和等级、去掉本质和必然,它带来的价值取向转变包括人本理念、终身教育理念、生态文明理念等,这些转变为发达国家职业教育的发展注入了更多的活力。

第一,人文主义强化人本理念,追求人的全面发展。新加坡是一个资源匮乏但经济发达的小国,能在世界经济中占有一席之地与它的教育密不可分。新加坡人力资源是唯一可利用的重要资源,为了做好人才培养工作,它实行灵活的教育制度、与时俱进的教育理念,重视人的价值,在承认个体差异、突出个体特性、激发个体兴趣的基础上因材施教,其相对完善的教育体系能够给个体提供更多的教育机会,从而激发个体的潜能,更好地适应社会生活。在因材施教理念下,新加坡教育倡导按照学生的资质、学习条件、主观努力的程度进行分流,以便把儿童的智力、潜能充分地开发出来。分流制依据学生的具体状况和能力确定不同的教育内容,教育方法、教材均不同,考试的内容与要求也各不相同。在教育分流制度的引导下,新加坡进行分层次教学,各阶段教育之间衔接紧密,学制灵活,普通教育与技能教育双轨并行,每一个学生的个性、特点、能力和兴趣都能够得到足够的尊重,给予个体充分的自由和平等选择的空间,这正是对人的价值的肯定,对人本理念的贯彻实施。

第二,人文主义贯彻终身教育理念,融通职业教育与普通高等教育。20世纪60年代,终身教育理念在世界范围得到确立并广为传播,开拓了教育领域发展的新局面。终身教育作为当今社会一种崭新的和方兴未艾的教育理念,具有以下特征:全面的教育目的——提倡全面提高受教育者的素质;广泛的受教群体——不论年龄、种族、老幼贫富,都应当平等地获得受教育的机会;连续的受教时间——活到老,学到老;灵活的教学方式——正规学习和短期培训都可以;以人为本理念——最终目的是达到一种对于人性和人的愿望更加尊重的更有效的更开放的社会。

第三,倡导生态文明,发展绿色技能。澳大利亚政府通过《绿色技能协议》,将"技能"放在更大的社会背景中加以考量,通过对"技能"内涵的拓展,力图使受教者获得可持续发展的技能和知识,提升受教者的社会责任感,从而加强职业教育与培训体系的能力构建。

第四,人文主义强调自由教育。英国自由教育不指向具体的职业选择,而是一种在尽可能广泛的基础之上,使人得到理性和自由发展的教育。自由教育旨在通过对感受性、想象力及智力的培养,来达到为学生今后选择职业创造条件的目的。它不拘泥教条,探求真理,重视在探索中发现和个人潜能的释放。这种教育要求各门学科的均衡,在教学上强调讨论式,认为真正的教育是人们充满生命力的心灵交流。自由教育并不完全否认专业和职业训练的重要性,而是强调专业和职业训练必须以自由教育为先导,在进行专业和职业训练的同时,必须注重学生理智的培养。

不论是因材施教,追求人的全面发展,还是践行职业教育的终身化,甚至是绿色生态理念对职业教育的渗透,自由教育对职业教育的影响,都可以看出发达国家在推动职业教育发展过程中共同凸显出的对于人的生存与价值关注的文化传统,职业教育不仅成为全民化教育、终身化教育,更是成为自然界与人和谐相处的可持续教育。

第三节　高职教育教学文化的价值取向

一、高职教育教学文化价值取向

具体到高职教育教学而言,文化价值取向是指个体在进行教学取舍时,所持有的基本价值立场、价值态度以及所表现出来的基本价值倾向。它把握着教学的方向,是一种对教学所要达到的效果的追求,它深入教学过程、探究教学发展的各种因素、选择教学发展的目标。教学文化价值取向就是个体在教学过程中所体现出的倾向性。教学文化价值取向贯穿其发展过程的始终,具有动态性、多样性和历史性的特征。

首先,高职教育教学文化价值取向具有动态性特征。文化价值取向包含价值判断、选择和倾向,这些内容的多变性使文化价值取向的确立充满不确定性。这些不确定性伴随传统文化和外来文化的融合,不可避免地使文化价值取向带有动态性特征。高职教育在经历农业文明、工业文明、现代文明的发展阶段中,也呈现出不同的文化价值追求,是一个动态的过程。

其次,高职教育教学文化价值取向具有多元化特征。不同历史阶段、不同地域的文化价值取向有或大或小的差异。主体身处历史发展的潮流,也会根据实际的价值倾向做出不同的价值选择。个体在教学文化横向与纵向交叉的时空范围内,面临多样的文化价值选择,个体也会选择多样的教学文化。

最后,高职教育教学文化价值取向具有时代性特征。不同的历史时期,社会制度、文化背景和价值导向会造就不同的文化价值取向。主体的价值选择总是会受到社会和历史条件不同程度的制约。教学文化总是与本国的社会文化形态相适应的,价值取向具有历史性特征。

二、高职教育教学文化价值取向的功能

高职教育教学文化价值取向在动态的判断与选择过程中,一定程度上会影响高职教育的发展与转变。作为高职教育重要组成部分的教学文化,在高职教育发展中起着举足轻重的作用,教学文化的价值取向一定程度上会影响高职教育的发展。这种影响主要体现在教师教学和学生学习上。

(一)对教师教学的影响

教师作为教学活动的主体,是教学活动的设计者、组织者和管理者。教师职业的示范性,决定了教师直接用自身的知识、智慧、品德影响学生。教师教学的价值取向是否合理,直接决定教师的教学行为是否能够促进学生的发展。观念支配行动,对于教学文化价值取向的研究可以更好地指导教师的教学行为。教师的教学观一旦形成,就会在头脑中产生思维框架,影响他们对教学过程中出现的具体现象的看法,左右他们在教学过程中的决策,进而影响学生的学习。而教学文化的价值取向是教师对教学的基本价值的观点和看法,是教学价值取向的一种表现形式,不同的教学活动反映了教师对于教学实践中的各种目标的不同理解和概括,也就是说,教师的教学行为是教师教学价值取向的反映。具体而言,教学文化价值取向对于教师教学的影响有以下几个方面:

1.影响教学目标的设计。在实际的教学中,对相同的教材和教学内容,不同的教师虽然参照相同的课程标准,但是由于考虑各方面的原因,教学价值取向的不同,所设计的教学目标不尽相同甚至大相径庭。教学价值取向作为一种"倾向",它对教师的教学目标的设计有定

向引领作用,教师的教学价值取向不同,教师在教学过程中开展的教学活动目标的重点也不同。文化价值取向反映教师主体生存与发展的需要,教师依据一定的文化价值取向来选择不同的思想意识、行为状态,文化价值取向之于主体是一种信仰、信念的支撑,对教师的教学行为选择具有根本性的引导作用。

2.影响课堂教学行为。教学文化的价值取向,直接影响着教师们怎么教、依靠什么组织教学活动、怎么对学生评价等方面。如果一个教师的教学文化价值取向侧重于对所教知识的内在价值,在教学过程中会更重视发展学生的思维、心智等。相应地,在教学方法的设计上会考虑如何设置教学情境才能让学生体会文章的情感,让学生学会思考问题的过程;考虑如何设置体验性探究活动来提高学生的能力;选择更加合适的方式方法对学生进行评价和总结。如果教师侧重所教知识的工具价值,他会注意教学内容的功利性方面。在教学方法上"单刀直入"地将新知识教给学生,再通过大量反复练习巩固所学知识,较少关注学生的学习兴趣;在评价上也可能侧重对大纲要求的知识点的考查,为考试而教,忽视学生能力的培养。在历史长河中,高职教育的发展理念先后经历了技术至上、就业导向到技术人文、人的全面发展等一系列转变。在转变中,高职教育教育在教学文化上更加注重对人的终极关怀,并推动现代职业教育体系的建立。

3.影响教师专业发展。教师职业是一个重复性较多的工作,虽然课程改革一直在进行,课程标准要求也有变化,但是有些教学内容不会发生太大变化。面对同样的教学内容,如果教师持有落后的教学价值取向,"换汤不换药",那么即使他不断学习各种先进的教学方法,他的教学水平仍然不会得到真正的提高,对教师个人的职业发展不利。而持有先进教学价值取向的教师,在教学中不断更新自己的教育教学理念,改变落后的教学方式,与时俱进地组织教学内容,不断尝试新的教学模式,不断提高自己的专业水平,促进学生的自主全面发展,不断寻找更适合学生发展的教学方法。这样的教师会积极对自己的教学经验进行反思总结,会促进自己的职业发展。

(二)对学生学习的影响

教学过程是教师通过一定的教学手段,有目的有计划地指导学生掌握科学文化基础知识和技能,影响学生思想品德的过程。作为教学主体,教师的教学文化价值取向的正确与否最终会对学生产生重要影响。

1.影响学生知识和技能的学习。学校教育在人的身心发展中起重要作用,而作为学校职能主要实施者的教师,是向学生传授知识和技能的教学过程的主体,对学生知识和技能的学习会产生重要的影响。高职教育学生虽然在高中阶段学习成绩不是十分理想,但并不能说明他们就是"低分低能"。相反,他们中很多人乐于在学校组织的各种活动中展示自己,他们思维活跃、喜欢交往、乐于探索新鲜事物、责任心强、喜欢被认可、遵纪守法。他们之所以选择高职教育就读,就是希望通过自己的努力,掌握一技之长,将来能找个好工作,有个好前程。在学习过程中,他们努力学习科学文化知识,对实践操作、技能比赛等表现出极大的兴趣,对于自己掌握专业技能的程度有较高的期望值,也希望他人和社会对自己的能力给予肯定。教学过程中,教师培养学生强化自己的心理承受能力,踏踏实实学好基础知识,掌握好实践技能,创新学生的思维方式,锻炼他们的人际交往能力,教学文化的这些价值取向一定程度上影响了高职学生知识和技能的学习。

2.影响学生人生价值观的发展。学生是发展的人,具有可塑性、依赖性和向师性,教师与学生朝夕相处,教师的言谈举止、举手投足之间会对学生产生潜移默化的影响。高职教育学生有志向、有抱负,对自己的未来有美好的憧憬,并期许通过自己的努力实现。他们有强烈的社会责任感,希望多为社会做贡献,愿意参加志愿者服务、无偿献血等公益活动。教师在教学中可以培养学生高尚的人格,潜移默化地培养学生良好的品行,提高学生明辨是非、美丑和善恶的能力,使学生建立独立、完整、高尚的人格,这些是学生学以致用的保障。

高职教育教学文化价值取向对于高职教育的影响是难以忽略的,其深远的影响直接带来的是高职教育发展的不同,这是高职教育发展过程中不可忽略的因素。以史为鉴,以史为师。对于中外高职教育教学文化价值取向的研究,有助于我们在现存的发展困境中探索出高职教育发展的新路径。

第六章　高职教育教学文化的结构

第一节　教学文化结构的理论基础

教育社会学研究证实,有效的教学与教学文化结构中内外因素的互动有密切关系。因此,从理论上研究教学文化的结构,即其内外因素的相互互动及其形成的关系,并从总体上把握教学文化与社会文化相互制约与发展的互动研究,探讨影响教学文化发展的内外制约、促进因素,将有利于教学更好地发展。

一、社会学习理论

社会学习理论是由美国心理学家阿尔伯特·班杜拉于 1977 年提出的。该理论主要探讨个人的认知、行为与环境因素三者及其交互作用对人类行为的影响。它着眼于观察学习和自我调节在引发人的行为中的作用,尤其重视人的行为和环境的相互作用。按照班杜拉的观点,以往的学习理论家一般都忽视社会变量对人类行为的制约作用,他们通常是用物理的方法对动物进行实验,并以此来建构他们的理论体系,这对于研究生活于社会之中的人的行为来说,似乎不具有科学的说服力。由于人总是生活在一定的社会条件下的,所以班杜拉主张要在自然的社会情境中而不是在实验室里研究人的行为。奥蒙德(Onnond,1999)列举了社会学习理论的四个假设:(1)人们能够从观察别人的行为及其结果中学习;(2)没有行为的改变学习也能发生;(3)行为的结果在学习中起作用;(4)认知在学习中起作用。这与以华生和斯金纳为代表的行为主义心理学家的主张不同,这一理论强调人的行为不仅受外部强化的影响,而且认为人的行为是社会学习的结果,按照这一理论,我们可以推断,如果我们观察他人的行为,并判断他人的这一行为为其带来的好的结果(如利益、名誉等),我们就会产生一种学习和效仿的冲动,这种冲动要么会立即付诸行动,要么经过一段时间的反思和判断后再付之于行动。同样,如果我们观察到他人的行为为其带来不良的后果(如惩罚、不公正等),我们就避免学习其行为,这与我们日常生活中所谓的"学习"有很大区别。

二、符号互动理论

符号互动理论主要继承社会心理学家米德(Mead,GH.)等人的传统,戴维·哈格里夫斯(Hargreaves,D.)等人是符号互动论的倡导者,他们注重从更广泛的背景中识别教学,认为不联系社会环境要素的影响,不足以解释教学的实际进程。他们运用情境(situation)、脉络(contexts)、视野(perspective)、文化(cultures)、交涉(negociation)、策略(strategies)等概念,来解释学校与教学过程,认为这一过程是参与者之间以符号为媒介的社会互动过程,由于这一过程在数量与质量上都因人而异,因而是一种差别互动过程。20世纪70年代,英国学者布列克里局(D. Blackledge)等人对课堂教学中师生互动过程的解释做了理论概括。其中,涉及教师的自我概念,教师对学生的认识,学生的自我概念、学生对教师的自我认识、策略、磋商等概念,这些构成了当代关于教学中人际互动过程的新认识。

三、交往行为理论

哈贝马斯把人的行为分为"工具行为"(即"目的—理性行为")和

"交往行为"。他认为人类奋斗的目标不是使工具行为而是使交往行为合理化,交往行为合理化的社会就是人类的理想社会。哈贝马斯理解的"交往行为"(communication action)就是指两个或两个以上具有言论和行为能力的主体之间,以语言或符号为媒介,以言语的有效性要求为基础,以达至相互理解为指向,在意见一致的基础上遵循(语言的和社会的)规范而进行的、被合法调节的、使社会达到统一并实现个人同一性与社会化相统一的,合法化的、合理的内在活动。具体包含四层含义:第一,交往行为是两个及两个以上主体之间产生的涉及人与人关系的行为;第二,它是以符号或语言为媒介的;第三,它必须以社会规范作为自己的准则;第四,交往的主要形式是对话,通过对话以求达到人们之间的"相互理解"与"一致"。因此,交往行为是以理解为导向和目的的行为,是主体间的"相互理解""相互沟通"和达成共识的过程。哈贝马斯在其交往理论中特别强调了人际交往是"主观际"活动,要真正体现出"主体间性",必须促成"现实关联",人际交往中的"话语""言说""表达""参与"等,在相互之间的"沟通""理解"与"认同"上起着重要的作用,发生着具体而复杂的实质性联系,并明确指出:"言语行为的有效性要求包括说出某种可理解的东西;提供(给听者)某种东西去理解;由此使他自己成为可理解的;达到与另一个人的默契。其认同的前提条件:可领会性、真实性、真诚性、正确性。也就是说,言说者必须选择一个可领会的表达以便说者和听者能够相互理解;言说者必须使用一种本身最正确的话语,以便听者能够接受之,从而使言说者和听者能在公认的规范为背景的话语中达到认同。"

德国在20世纪70年代兴起了交往教学论流派。1971年由K.沙勒(K. Schaller)与K. H. 舍费尔(K. H • Schafer)首次提出探讨师生交往的教学论思想,并与其他一些教学论专家一起把这种教学论思想系统化为交往教学论。交往教学论把教学过程视为由关系与内容两方面组成的一种交往过程,认为关系也是一个独立发展的重要的成分,而反对仅仅把处理好师生关系作为搞好教学的一种方法。其基本思想在于把学生的"解放"作为教学的根本目标,强调师生之间的平等交往是实现学生"解放"的根本途径。而所谓学生的"解放",是指要发展学生的个性,促使学生个性自我实现,使学生具有独立的人格和自主的能力。并由此提出了合理交往的特征和原则:第一,合理的交往是一种合作式的交往;第二,参加交往的各方都放弃权威地位,相互持平等的态度;第三,在交往中不是民主流于形式,而是真正做到民主;第四逐步创造条件,使不带支配性的交往行为成为可能;第五,相互传递的信息是最佳的信息;第六,现在的交往将为以后的合理交往创造条件;第七,合理交往的结果将取得一致的认识,但并非一切合理的交往都必须达到一致的认识,尤其是在交往终了做出盲目的决定。

第二节　教学文化的要素与结构

所谓要素是指构成一个客观事物的存在并维持其运动的必要的最小单位,是构成事物必不可少的因素,又是组成系统的基本单元,是系统产生、变化、发展的动因。所谓结构是指组成整体的各要素的搭配和安排。教学文化的要素与结构是指教学文化的构成要素及其之间的相互关系。

目前,国内研究教学文化的要素与结构主要有以下几种角度分类:

一是基于教学文化的主体角度。龚孟伟、南海按照共同体内部成员之间的关系将教学文化分成几种不同的教学文化模型,包括教师之间的教学文化建构、学生之间的教学文化建构和师生之间的教学文化建构。

二是基于教学文化的层次角度。谢韦韦、杨辉认为课堂教学文化在表层体现为课堂教学的心理氛围,在深层则体现为课堂教学中的人共同信奉的教育理想、共同具有的教育理念、教育旨趣、价值观念等。

樊彩萍、谢延龙则认为教学文化是指一种能够在课堂教学实践中实现的文化,其内涵应从精神文化、载体文化和活动文化三个层面来理解。刘庆昌认为教学文化可以划分为"教学生活过程"和"教学生态环境"两个部分。教学生活过程,即具体教学生活样式的运动过程,其抽象的形式就是教学生活方式;教学生态环境,则指支持具体教学生活样式运动的精神性因素。进而,教学文化的要素可以划分为核心要素和支持性要素,其中的核心要素即教学生活方式,支持性要素即支持教学生活方式的要素,由近及远则分别是教学集体无意识、教学风俗习惯、教学制度和教学思想。

三是基于教学文化的特征角度。吴康宁在其编著的《课堂教学社会学》一书中将课堂教学文化划分为规范文化与非规范文化、主动文化与受抑文化、学术性文化与日常性文化三类,并分析了不同类型的课堂教学文化之间的差异与冲突,以及课堂教学文化冲突的形式和功能等。

以上关于教学文化的要素结构研究可以帮助我们进一步理解教学文化的要素与各要素间的相互关系,然而,教学文化的结构不但要体现各个要素之间的时空顺序、主次地位与结合方式,还要表明各个要素如何联系起来,形成教学文化的整体模式。据此,笔者主张把教学文化的结构分为物质文化、行为文化、制度文化和精神文化。

教学文化是分层次的(如下),那么第一层是表层的物质文化;第二层是浅层的行为文化;第三层是中层的制度文化;第四层是核心层的精神文化。

1.物质文化	表层
2.行为文化	浅层
3.制度文化	中层
4.精神文化	核心层

教学文化的结构

教学文化结构的以上四个层次并不是孤立存在的。首先,人类所从事的任何物质文化的创造都是在一定的观念支配下,通过采用一定的行为方式而实现的。其次,一种精神文化总是要体现在一定的个体或群体的行为之中,并对其存在的物质环境产生某种文化影响力,同样,任何一种行为文化的形式,总是伴随着一定的价值观、生活信念和行为规范,并且行为的指向必须存在于一定的物质环境中。最后,无论是物质文化的创造、精神文化的孕育,还是行为方式的选择,都无不打上了社会关系的烙印——规章制度、行为规范等的要求。所以,准确地说,教学文化应当是由物质文化、精神文化、制度文化、行为文化组成的不可分割的有机整体。

(一)教学物质文化

1.教学物质文化的含义。教学物质文化作为教学文化的一个子系统,其显著特点就是以物质为载体,物质文化是它的外部表现形式。优秀的教学文化是通过教学成果的开发及其质量和教学的工作环境、文化设施等物质现象来体现的。

2.教学物质文化的组成要素。

(1)教学建筑环境设施。包括内外两部分:一是教学外部建筑环境设施,包括建筑外形、外部标识指示牌、教学雕塑、外部环境绿化美化等;二是教学内部建筑环境设施,包括教室、实验室等教学场所的面积及内部设计布置、内部各部门标识牌、内部指示牌、楼层标识牌、宣传栏、形象墙、文化走廊及相关教学物质设施等。

(2)教学标志。包括教师、学生服饰(制服、领带、胸卡等)等。

(3)教学工具。包括教材、教参、教案、课件、作业、多媒体硬件等。

(4)教学成果。包括各级各类教研课题、教研论文、教研专著、教研期刊、教研学报、出版教材、学科专业竞赛奖项、专业课程教学网站等。

(二)教学行为文化

1.教学行为文化的含义。教学行为文化是指师生在教学活动过程中产生的活动文化。教学行为文化是教学精神、教学价值观的折射。教学行为文化通过教师的教和学生的学得以体现。一方面,教师教的文化通过教的功能、方法、形式体现出来。教师教的行为具有规定目标、控制节奏、把握方向、确定水平等规范和引导的功能,这些功能如何发挥是教学文化的体现。另一方面,学生学的文化也从两方面体现了教学文化。一是学生学习活动本身。学生的学习活动本身就是一定教学文化的体现,是自主学习还是被动学习,是合作学习还是个体学习,是探究学习还是接受学习,这些都是不同的教学文化的体现。二是学生学习活动和教师的互动。主要表现为师生之间平等的交往活动,还是主客二分的改造与被改造的活动等。

2.教学行为文化的组成要素。

(1)课前晨会。课前晨会要求学生利用上课前的5—10分钟时间,以班级为单位,全班学生自主根据事先准备好的学习主题和顺序交流信息、分享心得的一种行为文化方式。

(2)师生课堂标准行为。师生课堂标准行为包括标准的仪态:站姿要求"站如松";坐姿要求就是指美的坐姿给人端正、稳重之感;走姿要求"行如风"。师生课堂标准行为还要求师生使用基本礼貌用语和准确称呼。

(3)教学方法。教学方法,是教学过程中教师与学生为实现教学目的和教学任务要求,在教学活动中所采取的行为方式的总称。其具体方法主要有:

①讲授法。讲授法是教师通过简明、生动的口头语言向学生传授知识、发展学生智力的方法。它是通过叙述、描绘、解释、推论来传递信息、传授知识、阐明概念、论证定律和公式,引导学生分析和认识问题。

运用讲授法的基本要求是：

A. 讲授既要重视内容的科学性和思想性，同时又要尽可能地与学生的认知基础发生联系。

B. 讲授应注意培养学生的学科思维。

C. 讲授应具有启发性。

D. 讲授要讲究语言艺术。语言要生动形象、富有感染力，清晰、准确、简练，条理清楚、通俗易懂，音量、语速要适度，语调要抑扬顿挫，适应学生的心理节奏。

讲授法的优点是教师容易控制教学进程，能够使学生在较短时间内获得大量系统的科学知识。但如果运用不好，学生学习的主动性、积极性不易发挥，就会出现教师满堂灌、学生被动听的局面。

②讨论法。讨论法是在教师的指导下，学生以全班或小组为单位，围绕教材的中心问题，各抒己见，通过讨论或辩论活动，获得知识或巩固知识的一种教学方法。优点在于，由于全体学生都参加活动，可以培养合作精神，激发学生的学习兴趣，提高学生学习的独立性。一般在高年级学生或成人教学中采用。运用讨论法的基本要求是：

A. 讨论的问题要具有吸引力。讨论前教师应提出讨论题和讨论的具体要求，指导学生收集阅读有关资料或进行调查研究，认真写好发言提纲。

B. 讨论时，要善于启发引导学生自由发表意见。讨论要围绕中心，联系实际，让每个学生都有发言机会。

C. 讨论结束时，教师应进行小结，概括讨论的情况，使学生获得正确的观点和系统的知识。

③演示法。演示法是教师在课堂上通过展示各种实物、直观教具或进行示范性实验，让学生通过观察获得感性认识的教学方法。是一种辅助性教学方法，要和讲授法、讨论法等教学方法结合使用。运用演示法的基本要求是：

A. 目的要明确。

B. 现象要明显且容易观察。

C. 尽量排除次要因素或减小次要因素的影响。

④练习法。练习法是学生在教师的指导下巩固知识、运用知识、形成技能技巧的方法。在教学中,练习法被各科教学广泛采用。练习一般可分为以下几种:

其一,语言的练习。包括口头语言和书面语言的练习,旨在培养学生的表达能力。

其二,解答问题的练习。包括口头和书面解答问题的练习,旨在培养学生运用知识解决问题的能力。

其三,实际操作的练习。旨在形成操作技能,在技术性学科中占重要地位。

⑤任务驱动法。教师给学生布置探究性的学习任务,学生查阅资料,对知识体系进行整理,再选出代表进行讲解,最后由教师进行总结。任务驱动法可以以小组为单位进行,也可以以个人为单位组织进行,它要求教师布置任务要具体,其他学生要极积地提问,以达到共同学习的目的。任务驱动教学法可以让学生在完成"任务"的过程中,培养分析问题、解决问题的能力,培养学生独立探索能力及合作精神。

⑥参观教学法。组织或指导学生到育种试验地进行实地观察、调查、研究和学习,从而获得新知识或巩固已学知识的教学方法。参观教学法一般由校外实训教师指导和讲解,要求学生围绕参观内容收集有关资料,质疑问难,做好记录,参观结束后,整理参观笔记,写出书面参观报告,将感性认识升华为理性知识。参观教学法可使学生巩固已学的理论知识,掌握前沿知识。参观教学法主要应用于各种植物品种改良技术的工作程序、后代选择方法和最新研究进展等方面内容的教学。参观教学法可以分为:准备性参观、并行性参观、总结性参观。

⑦现场教学法。是以现场为中心,以现场实物为对象,以学生活动

为主体的教学方法。本课程现场教学在校内外实训基地进行，主要应用于育种试验布局规划、试验设计、作物性状的观察记载方法等项目的教学。

⑧自主学习法。为了充分拓展学生的视野，培养学生的学习习惯和自主学习能力，锻炼学生的综合素质，通常给学生留思考题或对遇到的一些生产问题，让学生利用网络资源自主学习的方式寻找答案，提出解决问题的措施，然后进行讨论评价。

自主学习法主要应用于课程拓展内容的教学，如项目教学未涉及的小作物的具体育种方法和特点，组织学生自主学习，按照论文的形式撰写学习小论文，交由教师评价。锻炼学生提出问题、解决问题和写作的能力。

⑨体验式学习方法。体验式学习方法的前提是：体验先于学识，同时，学识与意义来自参加者的体验。每个参加者的体验都是独特的，因为这个学习过程运用的是归纳法而不是演绎法，是由参加者自己去发现、归纳体验过程中提供的知识。

（三）教学制度文化

1.教学制度文化的含义。教学制度文化是由教学的组织形态和管理法规条例形态构成的外显文化。教学制度文化是教学文化的重要组成部分，首先，制度文化是一定精神文化的产物，是精神文化的基础和载体，同时又反作用于精神文化。其次，制度文化是物质文化建设的保证，没有严格的岗位责任制和科学的操作规程等一系列制度的约束，任何教学是不可能生产出优质的产品的。最后，教学制度文化也是教学行为文化得以贯彻的保证。

2.教学制度文化的组成要素。教学制度文化具体体现为教学管理机构和教学管理制度两个组成部分。教学管理机构是教学活动得以高效有序进行的各种组织、机构的总和。教学管理制度则是用来规范教学组织、教学主体及各种教学关系的一系列的教学规范、规则、章程、政策等。

(1)教学管理机构。学校的教学管理和教学改革工作,由校长全面负责,主管教学的副校长协助校长主持教学工作。教务处是在党委和主管教学的副校长领导下的教学业务主管部门,统管全校的教学工作。教研室是在主管教学的副校长直接领导下,在教务处指导下直接从事教学、教改、教研、科研工作的行政组织和基层教学业务部门。教育科研督导室是在校长和主管教学的副校长的领导下,负责对全校的教育教学研究、学术交流、科研工作,以及教学检查督导等工作进行组织管理的职能部门。

(2)教学管理制度。教学管理制度一般包括:学籍管理制度、教学常规、教师备课条例、课堂教学质量评价细则、教学档案管理制度、关于教研组活动的有关要求、关于教师集体备课活动的有关要求、关于严格考试的有关规定、教育科学研究课题管理办法、教育教学论文管理办法、教师教学发展制度、专业人才培养制度等。

A.教师集体备课制度。集体备课有利于发挥集体的智慧,弥补各位教师备课中的不足,取长补短,资源共享,共同提高。集体备课有助于教师更深刻地领会教材及新课标的基本要求,更准确地把握教学的重点难点,更科学地设计教学环节,更灵活地实施教学方法,更有效地解决教学中遇到的疑难问题。

B.教师听课评课制度。为了深入了解课堂教学情况,学习交流教学经验,改进教学方法,促进教师教学业务水平和课堂教学质量的提高,使新课程改革得以更好地实施,特制定听课、评课活动制度,包括听课数量、听课要求、评课要求等。

C.教学质量监控与评价制度。定期检查、指导教师的备课、上课、作业布置与批改、学习辅导、考试评价等情况,并进行评估指导。学期末,要对教师备课、上课、案例研究、专题研究、撰写教学随笔和论文总结等业务质量开展自评、互评,进行表彰鼓励。每学期至少要对全校的教学质量进行一次分析研讨,研究、制定出改进教学工作、提高教育教学质量的措施。制定教学质量监控与评价安排,监控教学计划(进度)、教案(讲稿)、课标落实、学生学习状态与水平等日常教学工作。利用检查、评比、展示、交流等形式监控实验课材料、专业知识集、学生作业、后进生辅导、教学质量分析、试卷等。做好教学全面工作的监控与指导。校级行政以听推门课的形式为主,对教学的重点工作监控与指导。每学期教师根据个人教学研究情况,可提出"汇报课"申请,由教导处组织教学管理人员、教研人员、家长等多方进行视导与评价;通过视导了解教学中的优势和问题。对研究成效显著、教学效果好的教师,总结推广其教学研究经验。对尚存在不足的教师,及时指导其改进教学方法。

D. 教学工作的办公例会制度。例会是研究和部署教学工作的例行会议,是常规教学管理的一种形式。学校教学办公例会是学校教学、科研的具体业务会议,由分管教学校领导主持召开,教务处和各教研室负责人参加。会议主要内容包括:学习、传达上级部门有关教学问题的重要精神;贯彻落实学校党委会议、校长办公会有关教学方面的议决事项;汇报教学工作的落实情况;安排近期教学中心工作;研究提高教学质量的管理措施;通报、交流教学情况,研究解决教学工作各个环节存在的问题;研究科研问题;研究拟订教学计划方案,提交校务会议通过等。

E. 教师工作考核评价体系。对教师工作的考核、评价是学校教学管理的日常性工作,它对教师的观念和行为具有直接的导向、激励、控制作用。好的教师评价体系,一方面可调动教师工作的积极性,另一方面也有助于教师专业素质的提高。教师评价制度的建立应该遵循全面、科学、客观、公正的原则,评价的主体应多元化,学校职能部门、同事、学生等都可以是评价教师的主体;在评价内容上,教师的教学态度、教学工作质量、教学技能和能力、学科专业知识、创新能力、教学和科研成果等都应该被纳入评价的范围,从而全面反映教师的职业素养,对教师综合素质的评价也有助于促进教师的全面发展;在评价方式上,可采用考试、座谈、听课、教学相关资料检查等多种方式。

(四)教学精神文化

1.教学精神文化的含义。教学精神文化是教学过程中,受一定的社会文化背景和意识形态影响而形成的精神成果和文化理念,主要体现为教学哲学、教学价值观、教学理念。教学精神文化在整个教学文化体系中,它处于最中心的地位,是教学物质文化、行为文化、制度文化的升华。教学精神文化为教学的生存与发展确立了精神支柱。

2.教学精神文化的组成要素。

(1)教学哲学与教学价值观。教学哲学也称为教学思想,是指对在教学活动中发生的各种关系的认识和态度的总和,是教学从事生产经营活动的基本指导思想。"教学哲学"并不是一个常用词,人们更青睐的词汇是"教学价值观"。

教学活动是应社会发展和个体发展之需而产生的一种特殊形式的实践活动。教学的基本任务在于:引导学生掌握科学文化基础知识和基本技能;发展学生的体力、智力和创造才能;培养学生良好的道德品质和审美情趣,奠定科学世界观的基础。因此,教学的价值也必然是多层次、多方面的。社会整体及其不同层次的组织机构和社会成员都对教学寄予某种希望,产生某种需求,形成有关教学的意义、功能和重要性的观点、看法及衡量标准等等,再经过一定的理论加工,就会形成某种观念体系。一般而言,这种关于教学的意义、功能和重要性的基本看法和理论化、系统化的观念体系就称为教学价值观。

教学价值观是价值观在教学思想领域的具体体现,既具有价值观的普遍属性,又带有教学领域的特点,最终通过多种多样的目的、追求表现出来。就这个角度而言,教学哲学的内涵基本等同教学价值观。

以下是三种基本教学价值观：

A. 以知识本位为核心的教学价值观。以知识本位为核心的教学价值观所关注的重点是如何认识和改造自然，使已有的知识经验成为达到这一目的的必要条件，其教学目标完全依据社会的目标和尺度来确立，而且是以主观经验为基础，它所关注的是知识这个客体而非教学主体或学生主体的发展。因此，教学活动不是主体间的活动，而且教与学处于分离状态。在此背景下，教学价值观所关注的是如何占有知识，如何使知识具有社会性，如何用知识征服自然。在教学过程中，教师成了唯一的主体，成为知识灌输的支配者，学生与知识从内在性成为被灌输与征服的客体。本该是主体的学生被视为客体，本该是自主的教师被视为"独裁"与"支配"的对象，其结果是教学没有主体之间的平等关系与互动关系。

B. 以能力本位为核心的教学价值观。以知识本位为核心的教学价值观随着社会发展越来越凸显了自身的缺点，从而无法适应社会的需求。随着社会的发展，人们意识到知识是学不完的，知识背后某种更具有能动性的东西特别受到关注，那就是主体的能力。以能力本位为核心的教学价值观所关注的不再只是知识经验，而是以学生主体的能力培养为目标，教学目标从经验论的窠臼中走出，以重视学生的能力培养为重点，教学评价依照"主体—客体"之间的关系来展开，学生从原来被视为"客体"的观念得到改变，成为教学过程中的主体，它超越了以知识本位为核心的教学价值观，它强调的是单纯的"主体—客体"或"主体—中介—客体"模式，在处理人与自然、人与物的关系时是行之有效的，但在处理人与人之间的关系时，就遇到了"他人不是客体"的困窘。它从某种程度上依然强调如何通过知识的占有与能力的培养来对客体进行占有与支配，主体间性没有得到充分的重视，主体与客体二元对立局面在很大程度上依然存在。因此，以能力本位为核心的教学价值观并没有解决教学过程中的师生之间的互动性问题，"未能从人的完整统一性来看待教学的完整统一性,也未能看到教学与人和社会一样,也存在可持续发展问题"。

C.以人格本位为核心的教学价值观。以人格本位为核心的教学价值观是 20 世纪教学价值观登场的第三个场景。现代西方哲学家从"主体性"向"主体间性"的转向驱动了教学价值观的转向,教学价值观也从以知识本位为核心与以能力本位为核心转向到以人格本位为核心。它源于人们普遍思考的如何确立一种什么样的文化价值观,它扬弃了以知识本位和以能力本位为核心的文化价值观后,建构了以人格和谐发展为核心理念的文化价值观。和谐发展成为教育的崇高理想,它指向人文精神,着眼于终身教育,立足于经济知识,其教学模式是以"主体—主体"为主线进行的,其教学过程观是以主体间性为前提的,即在交往过程中要突出主体与主体之间的互动性或交互性。主体间性的发展程度与主体性的发展程度相关联,并能折射出特定社会的发展水平。主体—主体关系是人与人之间的交往关系。学生与教师的地位是平等的,师生之间的关系是互动性或交互性,使主体成为真正的主体,在很大程度上适应了社会的需求与发展,符合当今社会发展的理念。

(2)教学理念。教学哲学或教学价值观的内容是相当广泛的,因为在教学过程中需要处理的关系涉及方方面面。对教学过程中某一关系的认识和态度,就是某一方面的理念。教学一系列理念的总和就是教学哲学或价值观。教学理念具体体现为:

A.以生为本的理念。强调以生为本,把重视学生,理解学生,尊重学生,爱护学生,提升和发展学生的精神贯注于教育教学的全过程、全方位。

B.全面发展的理念。以促进每一个学生在德、智、体、美、劳等方面的全面发展与完善,造就全面发展的人才为己任。

C.素质教育的理念。强调知识、能力与素质在人才整体结构中的相互作用、辩证统一与和谐发展；以帮助学生学会学习和强化素质为基本教育目标，旨在全面开发学生的诸种素质潜能。

D.创造性理念。加强创新教育与创业教育并促进二者的结合与融合，培养创新、创业型复合性人才成为现代教育的基本目标。

E.主体性理念。它要求教育过程要从传统的以教师为中心转变为以学生为中心、以活动为中心、以实践为中心，倡导自主教育、快乐教育，培养学生的学习兴趣和习惯，使学生积极主动地学习和发展。

F.个性化理念。现代教育强调尊重个性，鼓励个性发展，主张针对不同的个性特点采用不同的教育方法和评估标准，为每一个学生的个性充分发展创造条件。

G.开放性理念。传统的封闭式教育格局被打破，取而代之的是一种全方位开放式的新型教育。

H.多样化理念。它要求根据不同层次、不同类型、不同管理体制的教育机构与部门进行柔性设计与管理，它更推崇符合教育教学实践的弹性教学与弹性管理模式。

I.生态和谐理念。倡导"和谐教育"，追求整体有机的"生态性"教育环境建构。

J.系统性理念。形成的是一种社会大教育体系，促进教育良性运行与有序发展，以满足学习化社会对教育发展的迫切要求。

第三节　高职教育教学文化的结构

高等职业院校的教学文化从精神文化、制度文化到行为文化、物质文化，传承并创新着具有高职特色的校园文化。据此，高职教育教学文化的结构主要呈现为：

一、以"双师"为特征的高职教师文化

高等职业院校的教师团队构成有特殊的要求:一是要"双师结构",就是各专业教学团队中既要有学校的专业专任教师,也要有来自行业企业的兼职教师。二是"双师素质",就是学校的专业专任教师和兼职教师,都要既具有一个合格高校教师的素质,也要具有一个合格企业专业技术人员的素质。以"双师"为特征的高职教师文化需要解放思想,转变观念,深化人事和分配制度改革,深化校企合作,共建专兼结合的双师教学团队;要采取请进来、送出去、深入学习、专题研讨等多种方式,教师与行业企业人员共同参加,力促队伍建设的思想观念转变;要通过制度保障,建立起一支专兼职教师相结合、素质优良、相对稳定、结构合理、团结协作的"双师结构"教学团队,形成基础课程主要由专任教师承担,实践技能课程主要由具有相应高技能水平的兼职教师讲授的机制;要鼓励教师到企业实践锻炼,明确岗位及任务,建立实效性、结果性考核机制;要针对兼职教师的聘任与管理,明确兼职教师的聘用资格和条件、聘用程序、管理及教学质量控制等,让企业技术人员、技术能手和职业领域专家参与人才培养全过程。

二、以"任务驱动、项目导向"为特征的高职课程文化

高职教育的课程体系具有鲜明的特点,强调学习与工作相结合,用实际的工作任务、工作项目引领课程体系构建。这种课程文化的特点就是校企合作共同开发专业核心课程,进行基于"工作过程系统化"的课程体系开发,以培养学生生产操作和技术应用能力为主线,以实际的生产过程和真实的生产产品作为载体,将课程内容和生产过程紧密结合起来,使学生完成课程学习即获得相应岗位的生产操作和技术应用能力。构建以"任务驱动、项目导向"为特征的高职课程文化,其基本特征是各主干课程设置与工艺流程各阶段的技能要求相一致,符合

岗位职业能力要求和生产实际。

三、以"重视能力培养"为特征的高职教学方法文化

高职课程要有特色的教学方法才能实现相应的教学效果。高职课程是以学生解决问题为中心的课程,要将学生培养成为社会需要的"岗位人才""职业人"和能生存能发展的"社会人",必须树立能力本位的教育教学观。能力的培养既要靠特色课程设置,也要靠特色教学方法。以"重视能力培养"为特征的高职教学方法文化就是要积极推进适应高职学生特点的教学手段与方法改革,开展教学做一体、讨论式、案例式教学、多媒体教学和情境学习、建构学习。公共课、基础课教学按照贴近专业、亲近职业、创设情境、问题引入、案例引导、任务驱动、学用融合等教学模式,积极开展教学改革。专业课程坚持行动导向的教学,按照"资讯、计划、决策、实施、检查、评估"这一"行动"过程序列,强调"为了行动而学习"和"通过行动来学习",在教学中,让学生在自己"动手"的实践中,掌握职业技能,从而建构属于自己的能力体系。

四、以"严实"为特征的高职教学管理文化

高职教学管理对保证和提高教学质量至关重要。教学质量是学校的生命线,一所学校办得如何,最基本的要看它的教学管理做得如何。以"严实"为特征的高职教学管理文化坚持以提高教学质量为核心,时刻把握教学质量这一办学的生命线,树立科学、全面的质量观,把提高质量作为教学工作的核心工作抓实抓细抓好;通过完善教学制度体系、教学监控体系,实现规范化、系统化、制度化、现代化教学管理;通过教学质量分析对教学进行全面总结,找出问题,明确改进方向,每个任课教师承担任何教学任务,完成后均需进行质量分析,教研室要针对本教研室本学期教学任务完成情况、教师个人质量分析情况进行总体分析,总结优秀教改经验,分析存在的主要问题,系部和学校在此基

础上进行更全面的分析,形成全面分析报告,针对理论教学和实践教学的总体运行质量进行分析。系部教学大会要向全系教师宣布分析结果,并对问题突出的课程和教师提出整改要求,整改措施纳入新学期教研活动内容及系部教学工作计划。学校(教务处)根据系部提交的教学总结及教学质量分析,以及日常教学质量监控和评价情况,每学期开学教学总结和全校质量分析,并就改进措施进行跟踪反馈,不断促进教学质量的提升。

第三编

高职教育新型教学文化的构建

第七章 高职教育新型教学文化构建

任何一种文化都是动态演进的,教学文化也是如此。教学是教育的主要实践形式,教学文化是根植于教育本体而附生的,换而言之,教学文化是一种次生文化和从属文化,只有在既定的教育场域中获得支持和匹配,才能获得生存和发展的合法性。因此,教育的改革必然会引起教学文化的演进。反之,如果教学文化的演进没有与教育改革相匹配,就会成为教育改革的阻碍。

高职教育是一种新型高等教育类型,产生于普通高等教育的分化,长期以来,受自身体系建设不完善的影响,高职教育在模仿普通高等教育与自我探索中求得自身生存,既要对外满足社会、经济发展需求,又要对内实现脱离普通高等教育而自成体系的发展。从模仿发展到适应发展,再到自觉发展,高职教育的变革并非一帆风顺,有创新,也有矫枉过正,这些都赋予高职教育教学文化在高职教育不同变革和发展阶段相应的特点。

第一节 高职教育传统教学文化

一、高职教育传统教学文化类型

高职教育传统教学文化是在人们对高职教育属性认识不清晰,人才培养规律认知局限的情境中形成的。传统的课堂教学文化主要经

137

历了两个发展阶段,一是知识本位教学文化阶段,二是职业技能教学文化阶段。

(一)知识本位的教学文化

20 世纪 80 年代初,政府各部门出于国家经济发展、人才资源的开发及社会治安的考量,提出创办短期大学的要求。于是一批"不需要国家大批的投资、不要进行大量的基建,校舍可以挖掘地方潜力,因陋就简,依靠社会办学,及时培养一批大学生以济急需的走读职业大学"被原国家教委批准建立。作为一种新生高等教育类型,政府及高职教育对其教育属性和特点还处于探索阶段。由于传统大学办学历史悠久,具有较为完备的办学、课程教学、学术研究等结构体系,成为当时尚未成型的高职教育的模仿对象。这种模仿导致的后果是很长一段时间内,高职教育趋同传统大学,办成了本科的压缩。在此发展情境下,知识本位成为教学文化的价值取向。

1.知识本位的教学文化内涵。价值取向是价值哲学的重要范畴,指一定的主体在面对或处理各种矛盾、问题、冲突和关系时所坚持的基本立场、态度和选择倾向,其突出功用在于决定、支配主体的选择倾向,故对主体自身、主体之间的关系等都有重要影响。所谓知识本位的教学文化,就是知识的传授和掌握的价值取向贯穿教学文化各要素,并决定它们的特点。要了解知识本位的教学文化内涵,首先要弄清楚什么是知识。

知识是相对能力、技能等而言的。《辞海》(1980 年版)将知识定义为"人们在社会实践中积累起来的经验"。《中国大百科全书·教育》对知识的定义如下:"所谓知识,就它反映的内容而言,是客观事物的属性与联系的反映,是客观世界在人脑中的主观印象。就它的反映活动形式而言,有时表现为主体对事物的感性知觉或表象,属于感性知识,有时表现为关于事物的概念或规律,属于理性知识。"由此可见,知识是主体和客体相互作用相互统一的产物,它来自于客观世界,但作用于主观反映,是人脑对客观世界的主观反映。

不同的研究者根据各自对知识的理解不同,将知识分成了不同的类型。对职业教育教学有重要影响的是认知心理学的两类分法,第一类是陈述性知识,也叫"描述性知识"。它是指个人具有有意识的提取线索,而能直接加以回忆和陈述的知识。主要是用来说明事物的性质、特征和状态,用于区别和辨别事物。这种知识具有静态的性质。陈述性知识习得的心理过程主要是记忆。第二类是程序性知识,是个人没有意识的提取线索,只能借助某种作业形式间接推论其存在的知识,是关于人怎么样做事的知识。在学习过程性知识的第一个阶段,是习得过程性知识的陈述性形式,新知识进入原有的命题网络,与原有知识形成联系。第二阶段,经过各种变式练习,使贮存于命题网络中的陈述性知识转化为以产生式系统表征和贮存的程序性知识。第三阶段,过程性知识依据线索被提取出来,解决"怎么办"的问题。另外,国际经济合作与发展组织对知识进行了四类分法:第一类是"know-what"型知识,即关于数据与事实的"知道是什么型"知识;第二类是"know-how"型知识,即关于技能和诀窍方面的"怎么做型"知识;第三类是"know-why"型知识,即抽象的、解释层次的"知道为什么型"知识;第四类是"know-who"型知识,即"知道谁有知识型"知识。认知心理学的知识分类与经合组织的知识分类存在一定的对应关系,如"know-what"和"know-why"属于陈述性知识,"know-how"则属于程序性知识。不同知识类型其内在的逻辑和习得的机制均不同。

高职教育模仿本科教育阶段,高职教育注重学生专业理论知识的培养。根据这一培养目标,知识根据学生的认知规律,将职业有关的各类陈述性知识按照知识内在的体系和顺序分阶段进行序化排列并将不同的课程有序组合,形成一个各自独立、相互衔接并且结构庞大的知识学习体系(学科知识体系)。这种知识学习体系统一以知识传授为目标,强调学科知识的完整性和系统性,重视知识的基础性和普适性,关注既成事实知识的机械记忆,强调知识经验(即间接经验)的授受,并认为学生开展直接的实践活动来增加直观经验和感性知识也是为学习间接经验做准备。

2.知识本位教学文化的要素特点。

(1)以知识掌握为主要教学目标。教学与社会和经济发展脱节,以知识储备为主要教学目的,重视学生基本文化素养和专业理论素养的养成,意图为增强学生今后较广泛的适应性打下基础。

(2)以学科知识为主要教学内容。教学内容以专业所涉及的相关学科知识为主,且是从传统大学"对应"的专业知识挑选出来,经过简化得出的基础性科学知识,以单科分段为特征,强调知识的完整性、系统性和严密性。教学内容重理论,轻实际应用,容易造成理论与实践脱节。

(3)以单向互动、灌输为特点的教学过程。教学师生关系呈现单项互动状态,教学方式以灌输为主。教师是教学的中心,教学以教师教授和学生听讲的灌输方式为主。教师是教学的中心,在讲台上纯语言讲授书本上现有的知识,学生的学习则被理解为被封闭在书本上的过程,是一种倚重记笔记、背诵等形式的接受性学习,没有实践操练的机会。

(4)缺乏职业化的教学环境。教学环境是封闭式的,以整齐划一、长方形的教室模式为主,试验实训室设计以知识教学需要为基本出发点,与企业实际环境无明显的关联相似性,仪器设备陈旧且缺乏,学生置身其中,与普通教育的实验环境没有明显差异。

(5)以知识考核为目的的评价方式。以学生掌握知识的数量、精准度和完整性作为评价标准,评价方式侧重结果性评价,考试是主要评价方法。

3.知识本位教学文化的局限性。知识本位教学文化备受诟病,且成为高职教育人才培养质量不高的主要归因。事实上,知识本位作为一种教学文化的价值取向,就其本身而言无可厚非,且对人才培养有积极的作用。从知识、能力、技能的关系来看,没有一定的知识为基础,学生的技能和能力养成就会是空中楼阁;没有一定的知识,学生的情感、态度、价值和人格品质等的培养就没有认知根源。可以说知识教学是学生能力、素质和品质等培养的基础。

知识本位教学文化的偏颇源于对知识的理解和选择。在对知识的理解方面,人们将知识简单地理解为理论知识和实践知识,或狭隘地将其化为书本知识或课本知识,而不是把它当成一个内涵非常丰富的个体成长与发展的智慧来源;忽略不同性质的知识,其习得途径不同,而是把所有知识的习得简单地理解为理论知识单向灌输,看成是师生主体之间的自主建构;在知识的选择方面,过分重视理论知识的传授和接受,忽视知识的实践与应用;忽视职业行动知识逻辑与学科知识逻辑结构的根本性差异,过分强调学科知识逻辑;过多强调科学知识和技术知识,忽略人文知识和社会科学知识。

知识本位教学文化的偏颇导致了教学理论与实践、专业个性和人文共性等的割裂,培养出来的学生不具备动手能力,视阈狭隘,不能适应社会岗位的要求。

(二)职业技能本位的教学文化

20 世纪 90 年代末期,高职教育成为高等教育大众化的重要力量,在规模上迅速扩张,成为高等教育的半壁江山。但高职教育毕业生就业率不高,动手能力不足,不能满足企业的需求等质量问题也日益凸显。加强内涵建设,提高教育质量成为高职教育发展的主要任务。为提高以就业率和企业满意度为核心内容的教育质量,高职教育围绕职业能力培养开展了课程改革和教学改革,以期实现人才培养工作与企业需求的无缝对接。而过分追求对社会及经济发展的短期适应性,忽略学生的个体发展需求,使得教学文化的实用和功利取向明显。

1.职业技能本位教学文化内涵。职业技能是以知识为基础,顺利完成某工作任务所必需的动作活动方式或心智活动方式。职业技能是适应工作要求的前提,但不是人格发展的内容。职业技能本位教学文化,就是职业技能价值取向贯穿教学文化各要素,并决定各要素的特点。

20世纪90年代以来,高职教育把为生产、管理和服务一线培养高素质技能人才作为人才培养目标,其中职业能力培养是人才培养目标的核心内容。而由于人们对职业能力与职业技能的区分并不充分,登保斯特尔(Dehnbostel)认为,在职业教育研究和实践领域,人们对能力和技能的区分度并不关注,对这两个概念也使用得不准确。他强调能力是学习者针对自身及其在个体的、职业的和社会领域中具有自我承担的才能的学习成果,而技能是学生知识、技能及资格在个体、职业以及社会领域范围内的可用性,一般不关注认知和精神运动领域的目标。如在"以能力为基础的教育(CBE)"DACUM课程开发中,里面的能力(competence)和技能(skill)基本上是同义词。

斯尼登(D. Snedden)的"社会效率主义"职业教育理论流派对职业教育教学影响深远,该理论流派在宏观上强调职业能力开发适应经济社会发展的需要,在微观上则按照行动主义学习理论确定职业教育和教学目标,设计教学过程并组织教学活动,从而使能力开发具有可操作性。

由此,虽然该时期提出且强调职业能力价值取向,而在现实实践尤其是教学中职业技能取代了职业能力,成为教学的价值取向,决定着教学目标设定、教学内容选择、教学过程和评价的开展和教学环境的建设。

2.职业技能本位教学文化的要素特点。

(1)以职业技能掌握为主要教学目标。非常强调教学对社会和经济发展的暂时适应性,以职业技能掌握为主要教学目标,强调学生对动作技能反复训练,意图为社会和企业培养岗位操作熟手,一到企业就能上岗工作。

(2)以工作动作技能为主的教学内容。逐渐打破学科知识体系,借鉴国际职业教育课程改革成果,以"工作任务"或"项目"为载体选择和组织相关的理论知识和实践性知识。但受传统课程思维影响及国际职教理念局限的影响,工作任务设计缺乏职业情境,工作任务选择碎片化,只是截取完整工作过程的一个局部环节工作内容;教学内容是工作内容按照操作流水逻辑的呈现,因此,职业动作技能成为主要教学内容,更多培养的是职业动作能力,而对社会能力、方法能力、职业态度等的培养来说价值就有限。

(3)以单向互动、重复训练为特点的教学过程。教学师生关系呈现单项互动状态,技能教学以"示范—模仿"为核心。如四阶段教学法,教师通过设置问题,讲解说明学习内容,并通过示范让学生知道技能操作程序,学生模仿重复教师的操作,并进行反复练习,其间教师观察学生操练并纠正错误。通过"示范—模仿"教学法,学生能够在较短的时间内掌握学习内容,从而达到学习目标,但是学生处于一种机械性学习状态,有机会练习技能,但没有机会尝试自己的想法,而必须模仿教师"正确做法",限制了学生学习主体性的发挥。情境教学、项目教学和任务教学等教学方法被采用,但在传统教学观念影响下,依然没有跳脱"示范—模仿"的框架,项目与任务成为讲授和示范的载体,而不是教师与学生合作建构知识的过程。

(4)模仿生产环境的教学环境。重视实验实训室建设,更新实验实训设备,开始模仿企业生产环境建设实训室,但总体而言,"学校色彩"比较浓,缺乏真实的"企业感",学生置身其中,尚未能体验到真实工厂经验。学生有机会到企业顶岗实习,但企业情境的顶岗实习和教学功能并未明显彰显。

（5）以技能考核为目的的评价方式。把职业技能标准作为学生掌握技术理论知识和实践操作能力的评价标准。评价方式侧重结果性评价，形式有考试和职业技能鉴定等。

3.职业技能本位教学文化的偏颇。职业技能本位教学文化受到人们的批判，主要是因为该教学文化受职业技能价值取向的影响，把学生当成了具有某种职业属性的工具，窄化了教学目标，简化了教学内容，具体体现在把学生培养成具有某具体岗位技能的人才作为教学目标；过分强调操作能力的训练，忽视思维能力、想象能力、创造创新能力的训练；过分重视专业技能的培养，忽视社会能力和方法能力的培养及职业素养、人文素质的养成；重视具体岗位工作短期适应技能的培养，忽视岗位变化和职业迁移能力的培养。

而随着技术发展和劳动生产组织方式变革带来的工作性质的革命性变化，职业世界发生了翻天覆地的变化，如大量传统职业被淘汰，新职业应运而生；人们就业观再也不是对某一职业的从一而终，职业变动成为一种常态；此外，职业新技术、新工艺和新流程不断出现，这些都使得职业技能本位教学文化越来越不能适应社会和经济发展对高素质人才培养的要求。如果我们只是针对某一具体的职业岗位开展所谓的任务胜任训练，那么我们的学生将来就难以适应职业世界的变化，更别说获得职业生涯的发展。

职业技能本位教学文化的偏颇表现在学生的个体上，是学生被培养成了只会做事的"机器人""空心人"，一个没有爱心、没有责任、没有信仰和精神追求的人，既不能算是一个受过高等教育的人，也不能说是一个全面和谐发展的人，更不能称是一个高素质的现代职业人。

二、高职教育传统教学文化的局限性

(一)传统教学文化是一种模仿文化

之所以把知识本位的教学文化和职业技能本位的教学文化归类于传统文化,缘于二者都是一种模仿的文化。知识本位教学文化模仿了本科教学文化,职业技能本位教学文化很大程度上模仿、照搬和照抄了国际经验,二者从某种程度上丧失了教学自我文化发展。

(二)传统教学文化是一种设计文化

从知识本位到职业技能本位教学文化,高职教育在价值取向上越发体现高职教育的属性特色,教学目标、教学内容和教学方法等方面的改革都取得了一定的进展,但总体而言,教学文化建设仍未摆脱我国传统教育那种"功利性实用教育"的阴影。

从本质上来看,两种文化均属于设计文化。它们认为学生是知识的容器或者是具有某种职业属性的工具,教学的目的就是按照预设传授知识,使人成为具有理性思维的人;教学内容的选择单一且权威,或科学知识或技术知识,忽略多种知识的价值性,尤其是人文和社会科学知识、个人知识的缺失。教学活动的主要任务就是知识或技能的传承,师生关系由此呈现出一种单向的授受状态,教师是课堂教学的权威者和垄断者,控制和管理着学生的学习,决定学生学习什么,怎么学,什么时候学,学习达到什么程度,怎样才算学得好,等等;学生则丧失了主体性,处于被管控的地位,教学效果体现在学生知识量的增殖;学校是教学的唯一场所,教学孤立于师生的生活世界和职业世界,虽然高职教育倡导工学结合,但是企业作为教学场所由于各种原因并不具备教学功能。

总之,失去自觉发展意识的、具有设计特点的传统教学文化忽略了"人"的培养,抹杀了学生的生命价值和精神追求,使得教学的工具价值和人文价值分离。

第二节 高职教育新型教学文化的构建

传统教学文化的产生和发展,有其特殊的历史原因和时代背景。在产生之初,适应了时代的发展要求,对高职教育的发展做出了一定的贡献。但随着职业教育理论的发展,现代职教体系的逐渐形成,高职教育特色定位的清晰,传统教学文化蕴含的偏颇和局限,已经不能适应当前高职教育的发展要求,因此,构建高职教育新型教学文化成为高职教育当前内涵建设创新发展时期的迫切需求。

一、构建高职教育新型教学文化的机理

(一)"新职业主义"构成了新型教学文化构建的职业教育理论基础

20世纪80年代以来,日益复杂的社会劳动对劳动者素质和智能要求不断提高,人本主义和建构主义逐渐兴起,促进"新职业主义"的产生、发展,并得到广泛认可。"新职业主义"认为,职业教育不仅是训练人的机械性的技艺,而且是为个体未来的工作生活做准备;职业能力开发不是针对某一项具体工作进行的培训,而是"工作过程导向"的教育,其任务是在个体和他未来的工作世界之间架起一座桥梁。职业教育的核心是让学习者获得未来职业世界中需要的综合职业能力。"新职业主义"的关注点从就业人员的岗位技能转向不断发展变化的综合职业能力,强调个人适应未来社会发展的需要;它认为职业劳动是一种与现实工作情境相互作用的活动,而现实工作情境是前变化的,所以职业能力不仅包括普遍性的职业知识,更要依靠个体性的职业知识,而这些知识具有缄默的特点,只有在具体的工作过程中才能建构。

"新职业主义"理论的职业教育观、职业能力观等是对传统"功利实用"职业教育观和职业观的颠覆,对高职教学的改革提供了职业教育理论基础。

(二)知识转型为教学文化转型提供了知识论的支持

从"现代知识观"到"后现代知识观"的知识转型是人类知识历史上的第三次转型。后现代知识观认为知识具有文化性、境域性和价值性的性质,知识的本质是内在的、开放的和动态的,其获得的方式是积极内化的、主动生成的。知识的转型对教学产生了深刻的影响,要求教学目标应从知识授受走向培养学生的主体性,从事先预设走向动态生成;教学内容应从分科走向综合,从单一走向多元,由体系化走向结构化,教学过程应从认知活动走向交往活动,从对象性的主客体关系走向主体间性的意义关系。知识变革对教学改革的理解和认识符合了高职教育教学改革的趋势,为新型教学文化的构建提供了知识论的支撑。

(三)高职教育质量提升是新型教学文化构建的主驱动力

教育部前部长袁贵仁在 2016 年教育工作会议上指出,"提高质量,要把促进人的全面发展、适应经济社会发展作为根本标准,全面提升学校办学综合实力、学生成长成才能力、社会贡献力、国际竞争力"。教学质量是教育质量的核心要求,只有教学质量提升了,教育质量自然而然就显著。教学质量的提升诉求要求教学活动必须克服传统的工具性、针对性和暂时性,树立系统的、全面的、可持续性和创新的教学观,由此对教学内容、教学行为、教学环境和教学评价等一系列要素进行相应的改革,这必然引起教学文化的转型。而新型文化一旦形成,其稳定和内化的特质对教学两大主体教师和学生产生影响,对于教师来说,发展教师专业,做好及积极创新教学工作不仅仅是一种简单的制度性要求,而是每个教师日常生活的重要组成部分,内化为每个人的自觉要求和自律行为;对于学生来说,积极参与教学,开展各项学习活动是学生日常生活的重要组成部分,也应是每个学生日常生活的重要组成部分,内化为每个人的自觉要求和自律行为。教师与学生对教学开展及创新的自觉自律,转而又促进教学质量的提升。

(四)教育信息化为教学文化转型提供了客观物质条件

以多媒体和互联网为代表的信息技术在教育领域中的应用,促进了教育信息化。教育信息化可细化为数字化、网络化、智能化和多媒体化。数字化就是通过现代信息技术使得教育信息技术系统的设备、性能可靠和标准统一。网络化就是通过现代信息技术使得信息资源可以共享,活动的时间空间尽量减少限制到不受限制,人与人之间的合作易于实现。智能化就是通过现代信息技术使得系统能够做到教学行为更为人性化,人机通信更加自然,繁杂任务可以通过代理完成。多媒体化就是通过现代信息技术使得信息媒体设备一体化,信息表征多元化,真实现象虚拟化。教育信息化对传统教学产生了猛烈的冲击,它突破了时间和空间的限制,为教师教学和学生学习提供了全新的、自由的互动平台,丰富了师生获得教学资源的途径,由此,改变了教学中的师生关系,也相应引发了教学观念、教学方法等一系列深层次的变革。可见,教育技术信息化为教学文化转型提供了客观物质条件。

二、高职教育新型教学文化的构建——综合职业能力本位

(一)综合职业能力本位教学文化内涵

综合职业能力本位教学文化,就是以综合职业能力培养的价值趋向贯穿教学文化各个要求,并决定它们的特点。综合职业能力这一概念很早就被引入国内,但是由于人们对技能与能力概念的混淆,综合职业能力这一培养目标未能有效付诸实践,而随着职业教育实践的深入,综合职业能力的内涵也越发丰富,符合个人、社会和经济发展的需要,因此,综合职业能力培养成为新型教学文化的价值趋向。

20 世纪末,随着国际合作项目的开展及推广,国内展开了大量有关职业能力的讨论。1999 年,教育部正式文件中首次出现"职业能力"和"综合职业能力"的提法。研究者从不同的角度对综合职业能力进行定义:

表 1 综合职业能力不同角度的定义

视　　角	概　　　　　念
职业教育目的	某种职业所需的专业能力和非专业能力的综合,是个体当前就业和终身发展所需要的动力。
广义和狭义	广义:某类职业群的共同基础能力;个人所具有的某个职业方面能力素质的总和,是经过适当学习或训练后,能完成某种职业活动的可能性或潜力。 狭义:某个岗位的工作能力;个体将职业态度及所学的知识、技能在特定的职业活动及情境中进行类化迁移与整合所形成的、能完成一定专业任务的能力。
分析方法	工作胜任能力。
整体化	是在真实工作情境中整体化地解决综合性的专业问题的能力,是人们从事一门或若干相近职业所必备的本领,是个体在职业工作、社会和私人情境中科学的思维、本着对个人和社会负责的态度来行事的热情与能力,是一个人的现代社会中生存生活,从事职业活动和实现全面发展的主观条件。
形成过程	个体将所学的知识、技能和态度在特定的职业活动或情境中进行类化迁移与整合所形成的能完成一定职业任务的能力。

对职业能力的组成要素,研究者也有不同的分类,如职业能力包括知识、技能、态度和个人品质,或将职业能力分成专业能力和非专业能力(关键能力),接受比较广泛的职业组成要素结构是专业能力、方法能力和社会能力,其中,专业能力是指在特定方法引导下有目的、合理

利用专业知识和技能独立解决问题并形成评价结果的能力,是职业业务范围内的能力。方法能力是隔热年队在家庭、职业和公共生活中的发展机遇、要求和限制,做出解释、思考和评判并开发自己的智力、设计发展道路的能力和愿望。方法能力是基本发展能力。社会能力是经历和构建社会关系、感受和理解他人的奉献和冲突,并负责任地与他人相处的能力和愿望。社会能力既是基本生存能力,又是基本发展能力。由于方法能力和社会能力与专门的职业技能知识无直接联系,当职业发生变更或者劳动组织发生变化时,劳动者所具备的这一能力依然存在,因此是一种跨职业能力。

总体而言,国内对综合职业能力的内涵和外延不断地丰富和扩大,但从研究者对内涵的解释来看,更多的是从适应职业世界的角度开展论述,没有把人的个体对职业世界的主动行为能力纳入综合职业能力的考量。

设计导向是德国职业教育的重要指导思想,是 1991 年德国文教部部长联席会(KMK)在对职业学校发展的讨论中确定的,并在《工作过程导向的学习领域课程开发指南》中得到细化。从此,设计能力即"本着对社会和生态负责的态度参与设计工作世界的能力"便成为所有专业的《(框架)教学计划》中更高的培养目标。设计导向的职业教育思想提出,意味着职业教育内容不能简单地适应技术的发展及职业工作任务一时的要求,必须更多地关注工作、技术与教育之间的相互关系及相互作用。有研究者在综合职业能力要求结构的基础上,以设计能力为导向,认为综合职业能力相当是职业竞争力(设计与建构能力),它包括了四个层面:第一是岗位操作能力,表现为能熟练运用技术(技巧)和知识完成一项母体工作,本质上是职业适应能力的表现;第二是职业综合能力,表现为完成一项整体性工作任务的能力;第三是职业发展能力,表现为任务组织、优化和一定的职业潜能和把握机遇的能力;第四是最高层面的职业创新能力,表现为工作的反思、问题的解决和技术的创新等方面。

设计能力作为综合职业能力发展的重要趋势和内容,不仅体现在课程内容和形式上,也体现在教育教学过程的组织和设计中。作为职业教育学习内容的工作过程和过程内容,体现了技术的可能性与经济、社会、生态利益以及价值观之间的妥协关系,也体现了工作人员和各工作单位的价值观。

(二)综合职业能力本位教学文化的特点

综合职业能力本位教学文化区别于传统教学文化,成为新型教学文化,主要区别在:

1.综合职业能力本位教学文化是一种明确的职业实践探索文化。综合职业能力本位教学文化以学生综合职业能力养成为教学目标,而由于综合职业能力内涵的丰富性,要素结构的复杂性,单靠传统的教师讲授、学生记忆,或教师示范、学生模仿这些教学手段是无法实现的。综合职业能力有效养成的载体就是职业行动,因此,教师和学生通过主题式、任务式或项目式的载体,开展职业实践探索,是高职教育教学的主要手段。

2.综合职业能力本位教学文化是一种鲜明的团队合作文化。现代产业技术和社会问题的解决基本上是采取团队协作方式进行的,合作是教学的基本方式。首先是校企合作,工学结合。学校和企业协同,教师和企业专家合作,教师和学生合作,学生和企业专家合作,学生和学生合作等,各类主体围绕职业实践形成的合作团队,或合作育人,或合作实训基地建设,或合作教学,或合作技术开发,或合作学习等,由此充分发挥团队优势,在培养学生专业能力的同时,养成社会能力;其次是校内合作,一项完整的工作任务或项目已不是传统意义上的一门课,可能需要涉及多方面的知识,也可能需要多位教师承担教学任务,因此,要突破学校内部机制体制的藩篱,跨越现有的学科界限,释放校内人才、资源等创新要素的活力,形成教学合作团队,开展有效的学生培养工作。

3.综合职业能力本位教学文化是一种显著的创新创业文化。《国家教育事业发展第十二个五年规划》中提出:"高等职业教育重点培养产业转型升级和企业技术创新需要的发展型、复合型和创新型的技术技能人才。"这与设计导向的综合职业能力观不谋而合。设计导向的综合职业能力观要求个体要本着对社会和生态负责的态度参与设计工作世界。落实到教学中来,就是学校要把创新创业教育融入日常的教学中,培养学生主动创新创业意识、创新创业能力等。因此,就本质而言,综合职业能力本位就是一种创新创业文化。

(三)综合职业能力本位教学文化要素的构建

1.以综合职业能力养成为教学目标。教学应既立足于学生,又面向社会,以培养学生综合职业能力为教学目标,把"人的全面发展"作为终极目标,在形成综合职业能力的同时,为学生终身学习和可持续发展奠定扎实的基础。

2.以工作知识为主要教学内容。职业技能本位教学文化在内容的选择和组织上努力打破学科体系,但是其改革是一种不彻底的改良。职业教育教学不是简单传授书本上的学习内容,也不是简单的双手模仿操作的过程,而是发展包括设计能力和职业行动能力等在内的综合职业能力过程。因此,教学内容的选择要打破传统的知识与技能、理论与实践的二元对立框架,以工作知识统整理论与实践,承载综合职业能力的教育内容。

所谓工作知识,不是学科知识的简单应用结果,而是在工作情境中生成的一种特殊类型的知识。它是工作过程中所使用的知识,是在工作过程中得到了实际应用,具有实践功能,产生了工作,工作行动所表征的知识。工作知识可能是能被言说的,也可能是缄默的,但无论哪种形态,其意义主要体现在行动中成果的知识。它也是工作任务所组织的知识,与学科知识按照学科边界进行分类不同,工作知识是以工作任务为中心有机地组织到一起,很难把它们按照理论与实践等传统分类维度进行区分。对工作知识的习得是综合职业能力培养的关键条件。

3.以职业行动为特点的教学过程。

(1)行动导向的教学。行动导向教学,实质是在学校整个教学过程中,创造一种学与教的职业交往情境,它强调学生作为学习的行动主体,通过学习活动构建知识,形成以专业能力、方法能力、社会能力、设计能力整合形成的行动能力,使受教育者既能适应当前相应职业岗位的要求,又能将这种构建知识的能力运用于其他职业,最终达到学以致用。

行动导向的教学围绕行动展开,学生为了行动来学习并通过行动学习,即针对专业紧密相关的职业行动领域的工作过程,按照信息、计划和决策、实施、检查和评估5个完整的行动序列进行行动导向教学,使得学生自主、自觉和有目的地参与到学习中来。这样,不仅使学生通过学知识获得相应的专业能力,而且使学生学会学习,获得一定的方法能力,同时也使学生学会生存、学会交往,形成社会能力,最后,学生的综合职业能力得到有效培养和提高。常见的行动导向教学的组织形式有交际教学、建构主义的学习、问题导向的学习以及项目教学。

(2)生态型的师生关系。单纯的"教师中心"或"学生中心"的师生关系已不能满足行动导向教学的需要。生态型师生关系是以理解性、互动性与形成性、平等性及民主性为内涵,以和谐共生为核心,致力于学生的"可持续发展"的一种新型师生关系。行动导向教学的改革要求师生关系实现平衡,这种平衡需要在教师控制与学生自主之间进行选择,要求师生在教学过程中除了基本的组织者和被组织者,教授者与被教授者关系的基础上,还要加入其他角色定位,如师傅和徒弟关系、团队合作者关系、咨询者和被咨询者关系、引导者和被引导者关系等。师生能在教学过程中根据教学任务、教学时间、学生的能力、教学内容等因素确定师生关系平衡的基本策略,通过交往、互动实现能力的生成。

4.开放、多元的教学环境。教学环境的开放性和多元性建设主要体现在:

(1)生产与教学的相容,生产与教学一体化的教学环境成为教学的必要条件,这种一体化场所可能是企业的生产车间,也可能是学校的实训教室。在校内的实训教室中,有为理论教学提供的场所,也有专门提供生产实训的车间,车间按照企业的真实车间来布置。

(2)教学环境突破了时间、空间等物理局限,实现了信息随时随地的共享。多媒体综合教室、计算机网络教室、电子阅览室、校园教学网络以及基于因特网的远程学习系统等应运而生,学生通过网络,可以随时随地和同学、教师和企业指导师教进行交流、互动和学习,也可以通过网络获得学习资料,了解行业前沿动态。

5.多元、差异性的评价模式。随着对教育价值的回归及对综合职业能力的充分认知,传统的教学评价已不能适应教学的发展,一种能体现多元价值、尊重个体差异的教学评价正逐渐生成:

(1)形成多主体参与的评价。学生主体性在教学中的彰显,学生不仅是教学的参与者,也是教学的评价者。在行动导向学习过程中,学生也是评价主体,学生参与制订项目学习的评价方案,学生根据经济合理性、社会承受力以及环境可持续发展等标准,对学习结果进行评价。

工学结合,企业参与。工学结合离不开企业的高度参与,学校与企业双重主体共同完成对学生的复合型评价。企业参与评价标准和评价方案的制定,行业、企业的技术骨干、专家等与专业教师一起参与到学生的考核与评价中。理论教学考核在学校进行,实践教学(课程实训、顶岗实习等)考核在订单企业由企业指导教师进行评价,以实现真实职业环境中多元化的评价有效。

(2)过程性评价和结果性评价相结合。评价的意图不是为了证明(Prove),而是为了改进(Improve)。而为了有效地促进改进,应更关注过程的评价,关注学生参与教学、开展职业实践的开展和过程质量情况,形成过程性评价和结果性评价相结合体系。

(3)评价内容多元化。教学的主要目标是培养学生的综合职业能力,而综合职业能力的丰富内涵决定了教学评价内容的多元化,不仅要考核学生的职业能力,还要看重学生的人文素养、职业道德和态度养成情况;要考核学生的专业能力,还要考核方法能力、社会能力和设计能力的掌握情况。

(4)互联网助力教学评价。基于计算机网络的教学评价改革是顺应教育信息化的发展。将网络技术整合于教学评价之中,通过高智能化的信息处理系统与评价机制的构建,把计算机技术、认知科学理论和人工智能技术有机结合起来,不仅能够实现对学生在线考试,还能够根据教学特点对学生的学习活动情况,如学生在线练习及作业情况、在线提问情况、在线讨论情况以及学生交互性学习和自学情况等进行科学、及时和有效的评估。为过程性和结果性评价相结合、多主体评价的实现等提供可能。

第八章　基于互联网背景的高职教育教学文化创新与实践

近年来,随着互联网的快速发展,网络渗透到我们生活的各个方面。以互联网为依托,远程教学、网络教学、多媒体教学等正在中国迅速兴起,一场从教学手段、教学方法、教学过程到教学内容,乃至教育观念和教育目的的全方位的深刻变革正在悄悄地发生,如何客观地分析互联网对当前教学的各种影响,是当前值得研究的一个重要课题。

"互联网＋"是知识社会创新2.0推动下,互联网与传统行业互动与演进的一种趋势,是创新2.0下互联网发展的新形态、新业态。互联网具有扁平化、去中心化、自组织等特性,将在社会经济各领域引发生产关系、生产方式及生产要素的解构与重构,创造出新的组织方式和组织形态。传统行业纷纷启动"互联网＋"模式,电子商务、互联网制造、互联网金融、互联网交通和互联网医疗等新兴产业和新兴业态应运而生、不断发展。"互联网＋"背景下传统高等教育如何发展成为社会关注的热点之一。

第一节　互联网与高职教育教学文化关系

一、基于互联网背景信息技术对于教学文化的重要影响

基于信息技术的开放的服务理念、先进的工作手段、简捷的操作平台和优越的育人环境,使得它在教学中的角色越来越重要了,在经济现代化建设飞速发展的今天,它必然承担起教育现代化的重担。这种担纲作用是其他手段所无法比拟的,科学技术是第一生产力,它担负着教育发展之纲、社会进步之纲。因此,信息技术与教学的整合,既是课程教学的需要,也是社会发展之必然。归结起来,信息技术与教学的有机整合,有机地运用现代化教育手段教学,它的意义主要表现在:

(一)培养学生获取、加工和利用信息的知识和能力,打好扎实、全面的文化基础,培养学生的信息素养与信息利用素质

随着现代社会的发展,信息、知识已经成为社会中的基本资源,信息产业成为社会中的核心产业,信息素养已成为信息社会中每个公民必须具备的基本素质,信息技术逐步渗透到了社会生活的方方面面,信息的筛选、分析、加工、利用的能力与传统的听说读写算方面的知识技能同样重要,这些能力是信息社会对新型人才培养的最基本的要求。因此,教学过程引进信息技术,使之形成为一种新型的教学模式。教学方式变革了,教学视野拓宽了,教学内容丰富了,学生对信息的获取、分析、加工和利用,就成为他们学习过程的主要内容,因而能最大限度地贴近现实生活实际,融入网络时代,利用信息能力解决问题。

(二)培养学生终身学习的态度和能力

当今"终身学习"已经由人们的单纯的愿望变成了具体的行动。时势可以铸造英才,时势也可淘汰庸人,现实迫使人们产生了紧迫感。学

会学习和终身学习,是信息社会对公民的基本要求,信息技术与教学的整合,迎合了时代的要求,在培养学生树立终身学习的态度上,有独到功夫。这种整合,使得学生具有主动吸取知识的要求和愿望,并能付诸日常生活实践,能够独立自主地学习,自我组织、制订并实施学习计划,能调控学习过程,能对学习结果进行自我评估。这无疑在学习方法上进行了一种革命式的变革。达不到这样的要求就跟不上形势的发展,甚至如何生存都将成为问题。

(三)培养学生的适应能力和解决实际问题的能力

新旧教学方式的区别,最根本的就在于能力掌握与否。在信息时代,知识和技术成为第一生产力,是社会生产力、经济竞争力的关键因素,知识本身的激增、剧变、更新,频率加快,周期缩短,同时知识本身的高度综合和学科渗透、交叉,使得人类的一切领域都受到广泛的冲击和影响,在这种科学技术和社会结构发生急剧变革的大背景下,适应能力、应变能力和解决问题的能力,将变得更为重要。我们必须改革教学方式,培养学生的上述能力,才能适应社会的发展。由于信息技术和教学的整合能够最大限度地开发学生潜力,调动学生的积极因素,因此学生能力的培养问题将能迎刃而解。

第二节　互联网背景高职教育教学文化内涵

一、"互联网+"背景高职教育教学改革的阐述

(一)互联网背景下教学文化改革的原因

从随时随地的阅读到绘声绘色的讲述,人们不仅陶醉于会议演示文档的精彩,也津津乐道于工作计划、待办清单及信息管理的井井有条。电脑时代让人充满了自信和成功的欲望。显然,技术的发展最令人激动不已的事不在于技术本身,而在于由它发起创立的新的思维类型及其对于思考问题方式的冲击,即技术承载着文化。人类社会步入信息社会,信息技术和信息文化正在从根本上改变着社会形态、社会规范以及人们的生活方式和思想观念,教学之中早已表露出信息社会的种种迹象。

1.传统的教学模式已经不能适应互联网时代的需要。互联网在中国兴起已经有二十多年,特别是近十年来,中国的互联网有了突飞猛进的发展。在今年的两会上,先后 8 次提到互联网、移动互联网等新兴行业,并提出了"互联网＋"的新概念,"互联网＋"在中国的迅猛发展,对社会的方方面面都产生了极为深刻的影响,也给各个行业和领域带来了机遇、希望与挑战。

在这波互联网发展的浪潮中,教育行业仿佛成了一个堡垒,受到互联网的冲击并不是很大,很多学校的课堂还停留在传统的课堂上,上课就是教师在课堂上教授教材上的死知识,还在提倡学生"两耳不闻窗外事,一心只读圣贤书",但在信息化社会,信息来源很多,学生获取知识的途径已不仅仅限于课堂,限于书本,如果不正面面对互联网对教学的冲击,教学的效果就会大打折扣。

2."互联网＋"将颠覆并重塑教育系统。随着互联网的发展,慕课开始出现并迅猛发展,这是一种全新的在线课程开发模式,它发展于过去的那种发布资源、学习管理系统以及将学习管理系统与更多的开放网络资源综合起来的新的课程开发模式。随着慕课的兴起,课堂不再是学习的唯一场所,课堂上的教师也不再是知识的权威,学生可以根据自己的兴趣和时间,随时随地地进行选择性的学习,学校将不再有边界,这在不久的将来将颠覆并重塑我们的教育系统。

3.以慕课、翻转课堂为代表的互联网教学模式将逐步取代传统课堂教学。上海交通大学副校长黄震说:"在线课程模式无疑将引发'学习的革命',给高等教育人才培养和教学方式带来深刻变化。"在他看来,"一个最显著的变化将是,翻转课堂从以教师为中心真正转变为以学生为中心"。而这时,如果教师还以传统的讲授、灌输式的课堂教学模式教学,学生将用"眼睛和耳朵"投票。

(二)互联网提供了全新的教育模式,但可能会动摇教育的目的

从学校教育到网络教育——社会需求的满足。互联网为教育提供了全新的模式——网络教育。与传统的学校教育方式相比,网络教育的最大优点在于突破了时空的限制,教师和学生能够通过网络在一种虚拟的环境中进行交流。在这种"虚拟学校"里,学生只需要有一台联网的电脑,便可以在任何时间、任何地点接受教育,学生可以根据自己的实际情况来确定完成学业所需的时间和进度。而且,学生还可以半工半读,学生了解社会越真实广泛,学习的侧重点和努力方向就越明确,走出"校门"后的适应能力也就越强。

教育的根本目的是教书育人。传统的教育要求教师与学生之间面对面地交流、讨论与沟通。学生们必须知道他们应该学习什么,需要去发现求知的内在含义,以获得学习的动力。

教师重要的职责之一即是要向学生解释这一切,并随时给予指导。但是网络教育将会改变这种交流方式,教师与学生之间无须直接面对面,而是可以在一种虚拟的环境中进行交流,不再有面对面的情感交流,不再有心灵火花的撞击,不再有由于相处而产生的师生情谊。这种长期的"无情"的交流将会导致学生逐渐失去接受道德与理想教育的兴趣,对前途产生迷惘的情绪,失去行为规范。

因此,互联网可能会削弱教师在德育方面的作用,从而动摇教育的根本目的。

(三)互联网激发了学生的学习兴趣,但可能会改变学习的内容

1.从填鸭式教学到交互式教学——学生学习兴趣的激发。互联网的发展为交互式教学的实现提供了可能的工具和环境。首先,可以预见。越来越多的教育将会通过互联网来进行,学生能够在任何时候任何地方把学习情况反馈给教师,教师据此能够随时调整学习内容,或改善教学方法等;其次,在教学过程中,教师能够突破时空的界限,让学生直接参与到教学的整个过程中来,从而激发学生的求知欲望,改善教学效果;最后,利用互联网进行交互式教学,教师在课堂上只需讲授一些基本原理和方法,由学生们自己在互联网上查找相关信息,对主题进行深入分析研究,从而培养学生的独立思考和分析判断能力。这种利用互联网实行的交互式教育无疑能够极大地激发学生的学习兴趣,令他们从枯燥无味的传统的填鸭式教学中解放出来,学生们因此能够得到充分自由发挥、施展个人才华的机会,从而能够更好地把握某一个主题的含义,更透彻地理解这个主题。

2.从获得知识到获取信息——学习内容的改变。对于教育而言,互联网带来了新的技术。在这个新的技术环境中,教育工作者不再提出学习的原因。他们的责任仅是提供一些新的学习方法和寻找一些新的应用技术的学习方法。在这种意义上而言,学习本身的含义将会改变:学习不再意味着理解与知识,只是搜索信息,信息则会被误作为知识。由于互联网的影响,学习不再是理解与知识的结合,而变为仅仅是获得信息。

事实上,信息根本无法替代知识。然而,在互联网上,信息已经代替了判断力。学生们学习检索和照本宣科地复制网上的信息,不再学习如何培养独立思考与分析的能力。久而久之,学生们虽然拥有大量的信息,但却知识贫乏,分析能力低下,这跟检索机器有何区别?互联网拓宽了学生的视野,但可能会影响学生的价值取向。

3.从口传耳听到虚拟现实——学生知识视野的拓展。随着信息技术日新月异的发展,互联网的不断延伸,学生们除了学习学校为他们开设的课程之外,还可以在另外一个包罗万象的"虚拟学校"——互联网上任意翱翔。互联网和虚拟现实技术的迅速发展将会改变传统的教师口传学生耳听式的教学方式,学生能够"去"非洲"实地考察"感兴趣的植物;也可以"潜"到大西洋的海底,"现场观察"喜欢的动物,学生不再受到时空的限制,自学能力得到了充分的发挥,求知的欲望得到了充分的满足,而那种依靠陈旧的文献、滞后的讲授、过时的道听途说扩大知识面的时代将会成为历史。

4.从教师主导到网络主导——学生价值取向的转变。在传统的教育中,教师一直起着主导作用。但是,在网络环境下,互联网将会把教师推到一边,自己取而代之,成为教育的主角。互联网取代教师的主导作用将会是一个不可弥补的重大损失。因为,师者,传道授业解惑也;教师除了教给学生知识之外,更重要的是,还必须教给学生正确的社会行为规范和价值观念等等,而电脑是不可能教给学生这些的。在某种意义上讲,学校是一处把个人集中起来,培养学生的凝聚力和责任感的场所。所有这些,互联网都是无能为力的。

事实上,在网络教育环境下,由于互联网替代了教师的主导地位,学生的价值观念与价值取向会因为缺乏必要的引导而变得更加"现实"与"功利"。学生会误认为学习的目的只是为了得到一份好的工作,而金钱的多少则会成为学生评价事业成功与否的标准。

二、互联网背景下教学文化的变化

(一)互联网发展背景下大学生学习的特点

基于"互联网+"背景下的教学文化研究中一个不可避免的话题,学生是教学的重要对象,面对新的环境改变,那么环境下的学生又有哪些显著特点?

1."电"代替了纸。在传统的学习模式下,大学生获取知识都是通过"无电"的方式实现的。不管是传统课堂教学中板书、口头表达等教学方式,还是大学生通过阅读书本和跟其他人讨论来获取知识,大学生面对学习对象的人或物都是"无电"的。然而,在互联网背景下,课堂教学主要是通过 PPT 的方式来完成的;部分阅读,甚至很大部分,则是利用电脑、智能手机等电子阅览器来完成的;跟他人交流的方式很多也是通过 Email、聊天工具等来实现的。而这些都使得大学生获取知识的对象是"有电"的。"有电"方式替代了传统的以纸质为典型代表的获取知识方式。

2.电脑思考部分代替人脑思考。互联网的发展使得"有电"学习方式代替"无电"学习方式。相对于传统的"无电"学习,电脑、智能手机为代表的"有电"学习工具具有知识大、廉、快的特点:首先,"大"主要指知识储存量大,互联网上所覆盖的信息几乎包括了人们工作与生活所需各类信息;其次,"廉"是指人们获取各类信息的成本大大降低了;最后,"快"指相比以往通过借阅或购买书籍、实地考察等的方式,人们现有获取信息的速度大幅提高。

"有电"学习工具虽然具有这么多的优点,但也正是这些优点,使得互联网的发展带来一些令人深省的问题。一方面,大量信息的出现,促使人们每天需要耗费大量的时间阅读"必要"的信息。然而,这些信息中许多都是重复的、无价值的,但是为了避免错过重要信息,我们有时又被强迫地完成这些阅读。因此,如何识别哪些是重要信息则考验了大学生的识别能力。另一方面,电脑、智能手机的出现也使得大学生遇到问题首先想到的是通过百度等搜索来借鉴别人的经验。借鉴别人的经验是人们解决问题重要途径之一,但是过度依赖于搜索将明显降低了大学生人脑思考的必要性与可能性。

3.学有余而习不足。现有许多大学生的生活习惯是每天以查看各类手机应用程序(App)的信息来开始与结束一天的生活。各类 APP 的信息量都非常庞大的,不仅包括生活、娱乐,还包括学习、理财、游戏等。

相比缺乏互联网的传统大学生,现有大学生不仅保留了传统的书籍、课堂教学等获取知识的渠道,还有通过电脑、手机 App 等方式来获取知识,这些丰富了大学生生活与学习,也使得大学生每天过得比较充实。然而,也正是因为需要花费大量时间来学习众多的知识,使得大学生缺乏练习已学的知识,缺乏对以往知识的巩固,知识在大脑中的停留时间变短了。大脑对知识更多起到了"河流"的作用,而非"蓄水池"的作用。

(二)互联网背景下教学环境的变化

传统高校教师教学的典型途径是:首先,学习指定的教材和旁征博引地参考其他教材;其次,根据教学任务和个人偏好编写教案;最后,以板书与口头说明的形式讲述教案。然而,在互联网快速发展的现状下,这一途径的每个阶段发生了明显改变。

1.在参考教材方面,现有的高校教师不仅可以参考指定的教材和国内的其他教材,还可以广泛地参考国外的经典教材。此外,国外部分著名大学还公开了经典课程的视频。这些视频传输了经典的内容,同时还传授了著名教授授课的技巧。因此,现有的高校教师面对的参考资料在内涵和外延上都得以扩展。

2.在编写教案方面,由于互联网的便捷与互联性,各种主流教材的课件随处可见,且不乏精美的课件。现有的高校教师可以参考互联网上合适的课件,根据自身知识结构加以调整,制定满足自身偏好的课件。同时,互联网上各种教学故事、详细的解释也提高了现有高校教师的教学质量,丰富了教学内容。

3.在课堂讲述方面,这是教学主要过程,也是在互联网快速发展背景下改变更为显著之处。一方面,教师讲述方式发生了改变。传统教学中主要以板书与口头讲述为代表的教学方式现已扩充为板书、PPT投影、影视、口头讲述等多种教学方式。

4.板书所占时间逐步降低,而所需内容被事先准备的PPT投影、影视等极快地呈现,这大幅缩减了书写时间,相应地提高了口头说明的时间。此外,传统教学中,教师在黑板上书写文字所带来口头表达的暂停不仅有利于教师整理思路,而且有利于学生暂时的休息与回顾之前所讲内容。而以PPT投影方式教学时,这一口头表达的暂时停滞却已不复存在。

5.大学生听课方式也随之改变。PPT投影、影视等电子资料的可复制性,降低了大学生课堂记笔记的必要性。只需拷贝教师课件即可实现突出重点内容、理解难点内容等笔记所需之处。进而,原则上大学生在课堂听课时因记笔记而低头的机会少了,而抬头专心听课的机会多了。然而,现实中大学生上课时抬头听课的人数比例与时间比例并没有明显提高,反而出现了下降。其中主要原因是智能手机伴随的娱乐方式的多样化,使得大学生放弃了有用、晦涩难懂的课堂知识,而更多被大部分轻松、低俗化的知识或娱乐所吸引。同时,互联网上信息的共享性与丰富性,降低了大学生因课堂上没认真听课而不理解教材内容所带来的成本。

(三)信息化对教学的冲击

教学活动一定是在特定的社会文化环境中进行的,任何教学活动都必然受到社会文化环境的影响和制约。可以说,教育中的每一个人都是带着从一定社会文化环境来的"印迹"参与教学活动的。社会文化环境在很大程度上决定着教学活动的价值取向,左右着教学活动的内容、方式和方法的选择。

以网络文化为主要表现形式的信息文化,不仅突出了自由交互的特征,而且体现了个性发展的功能,因为网络是开放的文化,它解决了由于地域和空间的阻隔带来的文化交流和文化交融困难的问题,形成了多元化的根基。北京理工大学人文学院的喻佑斌教授指出,信息技术的发展逐渐消解了阻隔交流的话语霸权,主要体现在五个层面[1]:第一,硬件开发消解技术专家的话语霸权,即个人电脑消解专家独享机器的话语霸权;第二,软件升级消解专业话语霸权,即图形化操作系统消解特殊专业语言指令对非专业话语的霸权;第三,体制变革全面消解各种现有霸权,即互联网突破时空阻隔,消解各种此类阻隔生成的话语霸权;第四,权利的对等化直指现行法律系统的合理性基础,源代码开放导向消解版权保护对使用权保护的话语霸权;第五,大众传媒的介入推进话语霸权的消解,媒体互动娱乐、短信投票和合理的大众遴选机制提示了新的、可消解体制性话语霸权的公共参与模式。话语霸权的消解,产生了开放文化的基础,使个体的想象空间更加广阔,人性化的发展具有了丰腴的土壤。

发生在具体的教学环境中,学习者将表现出以下四个特征:第一,学习者更加真实自我地展现。由于没有传统课堂教学面对面的交流,网络环境中的学习者更容易克服对教师和学习伙伴的畏惧和羞涩心理,可以直率大胆地表达自己的思想,甚至是"怪诞"或不成熟的想法。第二,学习者从众和服从权威的心理在削弱,更易结成协作团体。网络环境中的学习团体的建立是动态的,通过电子邮件、BBS、MSN、QQ 群及微博等方式,学习者可以找到与自己志趣相同的人结成跨越时空的学习团队,在建立信任关系的基础上展开学习。学习者小组成员少了面对面的交流,其从众和服从权威的心理必然降低,更易充分开展协作学习。第三,学习者的学习风格得到承认和发展。在班级授课中很难针对不同学习风格的学习者设计教学,学习者的学习风格受到不同程度的限制,而网络承认差异,尊重个性,是学习者学习风格舒展和完善的催化剂。第四,通过简便易行的学习工具,师生共享丰富的学习资

---

① 喻佑斌:《信息技术与教育中的话语霸权》,http://www.xuexigang.com/ycjy/zjfw/22777.html,2009-08-25。

源,实现了师生间平等的对话。

网络环境下,人的思维过程和思维方式也出现了网络文化的特征。不仅客观世界和实践过程是网络化的复杂系统,而且人类知识体系也已按网络化的方式构建起来。人们认识到思维和知识可以像人的大脑神经和血管组织的结构一样,由众多点相互连接起来,呈非平面、立体化、无中心、无边缘的网状结构。从而个人电脑写作和解读,完全可以突破时间和逻辑的线性轨迹,自由翱翔于思维的广阔天地,进行任意的跳跃和生发。在文本的任何一个节点上,可以增加和补充新的思想内容,删除不合主题的冗余材料,也可以任意调换先后次序,进行自由组合。这些都将引导人们在教学过程中以网络化的思维方式去反观教学、协调方式、优化结果。

面对信息文化所呈现出的一片欣欣向荣的景象,人们普遍认为多媒体的超文本特性与网络优势的结合,为培养学生的信息获取、信息分析与信息加工能力营造了理想的学习环境。而且,丰富的网络信息资源库和知识库都是按照符合人类联想思维的超文本结构组织起来的,特别适合学生进行"自主发现和自主探究"式的学习,为学生发散性思维、创造性思维发展和创新能力的孕育提供了适宜的条件。然而,信息化环境孕育了新的教学文化,信息化教学对教学工具和教学资源的过度依赖势必会显现出一些负面的文化效应。

移动互联网,从形式上来说是移动通信终端与互联网接入的结合;从内容上则包括了终端、系统、应用及商业模式与互联网技术的结合及实践。移动互联网并不是为移动终端用户独立建立一个互联网,而是为了让移动终端用户能够更方便地访问互联网。移动互联网概念的提出,使互联网的应用人群得到了极大的扩充。人们在移动互联网世界中连入互联网的时间更长,地点更随意。

近年来,随着信息技术的飞速发展,移动互联网行业出现很多新元素、新变化。首先是智能手机的大量普及,根据美国 International

Data Corporation(IDC)预测,今后全球智能手机的出货量将达 10 亿部,占手机总出货量的 55%,且以每年 40% 的速度递增。其次是第三代(3G)、四代(4G)移动通信技术的迅速商用。各种智能化的应用将在高带宽的无线网络环境下迅速发展壮大,移动互联网行业也将迎来爆发式的增长及无穷商机。智能手机的革命性发展,推动网民群体逐渐趋向成熟化,手机上网渐渐成了 PC 上网的延伸。另外,随着 Android、IOS 等操作系统在移动智能手机上的迅速普及,各平台上实用 App 数量不断增加,再加上可移动优势,能够及时满足网民学习、娱乐和生活的需要。比如,QQ、微信、飞信、微博、人人网、MSN、QQ 空间等,都为网民的交流和信息查询提供了良好的氛围,使移动互联网成为网民与外界沟通及获取信息的主要渠道。

(四)信息化教学的自主性选择

教学不只是文化传承的生命机制,教学本身也是一种文化,教学文化的本质是一种课堂的文化。随着高新技术不断介入,课堂教学的基本要素正在发生重组或置换,并按一定的相互关系重构教学文化的功能和价值。任何教学活动都包含了教师的教学方法、知识、教学目的和师生关系等要素,只是在信息化教学中,上述各个要素又有了新的文化内涵,这不仅是时代赋予的,也是我们孜孜追求的,因为从某种意义上说,学习就是个体的文化适应和适应性发展的过程。

一直以来,教学组织者把学生获取知识作为教学的目的,教师在整个教学中对教学内容进行了严格规定,教师的职责就是向学生传授某门学科的艰深的知识。教师通过对学生课堂管理和监督,甚至暗示、正确反馈和强化机制,保证学生有效学习的时间和效果。技术带来了知识突飞猛进的增长,信息化环境下,教师尊重知识,但并不要求学习者将掌握知识作为教学要达到的最重要的目标,而是把知识看作促进学生发展的手段,学生获取知识是为了让自己更好地理解人类积淀下来的智慧。教师教学远不止简单地讲解课本上的内容,而是坚持开发某门学科的内容,使学生在学科学习中不但能够产生怀疑精神,而且增加好奇心理,尊崇事实和真理,进一步丰富学生的想象力和创造力。简单地说,信息化教学中,教师不再把知识视为一些客观化的内容、观点、话题及学科构成,而将其视为一整套洞察力、理解力、观念、理论和方法程序。

从传统的"教师—过程—学生—产出"教学模式来看,把教学看作是由一系列分散的行为所构成的活动,认定教学和学生的学习效果之间有着紧密的联系。迄今为止,所有研究均表明,学校的教学的确成为影响学生学业成绩的部分变量,教师和学校这一指标对学业成绩的贡献率平均达到15%,最多不超过20%[①]。这些数据仅仅是平均数,对特定学生而言,教学对他们的影响可能大很多,也可能根本就没有任何影响,但这些数据还是充分显示了教师的知识代言人形象,教师传授的知识是不容置疑的真理,而且教师教学的作用就是促使学生能够成功地掌握学校规定课程中的全部知识。而技术发展带给我们的启示是,教师要教学生去怀疑,鼓励他们基于逻辑的、道德的或者是理性的立场去挑战权威,唯其如此,学生才能学会辨别真理与谬误,区分善良与邪恶,年轻一代才不再是被囚禁的思想羔羊。尽管教师还是通过精心布置作业、详细解释作业完成过程、随时提供咨询、管理好学业成绩的惩处等来影响学生学业成绩,但已经将教学的核心转向寻找方法界定和构建学生应该怎样学习的内容层面。教师的教学包括了课程的制定和实践,教师不应该只是满足于传授自己掌握或所知道的知识,而是要锻炼学生的思维和解决问题的方法,这样才能为将来培养人才,培养出好人才。教师在把官方的课程转换为一系列的具体行为时,

---

① 加里·D.芬斯特马赫、乔纳斯·F.索尔蒂斯:《教学的方法》,胡咏梅译,北京:教育科学出版社2008年,第28—29页。

课堂教学更应该是教师、学生围绕学科知识所展开的互动,而不再把教师作为权威,视作对课堂进行引导和控制的中心。有人[①]说"中国古代教育虽然偏重学习文化的探讨,但近代以来受国外教育特别是原苏联教育的影响,这种重视学习的传统遭到了割裂,出现了文化的断层,导致人们的研究视阈偏重于教师教的文化"。信息化教学并没有放弃教师教学的研究,只是加强了教学中师生共同构建知识过程的研究,这个过程中既有学生的学习,也有教师的教学,任何先进的技术手段也无法代替教师对教学过程的组织和实施。人本主义心理学认为,问题的重点不是教师教授了什么,而是学习者学到了什么。教师的作用并不是将知识和技能传授给学习者,而是帮助学习者将其转化为学生各自的知识和技能,教师由学习的掌控者变成了向导和促进者,整个学习过程中教师提供指导、建议、鼓励,抑或适时给予"告诫"。

第三节　互联网背景高职教育教学文化探索

一、互联网背景下的高职教育教学文化的实践探索

(一)慕课教学实践

慕课(MOOC)是最主要的网络化教育载体,它打破了教室的限制,翻越了院校的围墙,使知识成为对所有人开放的公共物品。2012年,美国 Udacity、Coursera、edX 相继成立,并很快成为最有影响力的慕课平台供应商。2013 年 5 月 21 日,北大、清华在同一天加入 edX,在该平台上发布自己的慕课。国内高等院校迅速跟进,上海交通大学、复

---

①　晋银峰:《基于新课程的教学文化研究:问题域、反思及走向》,《教育探索》2010 年第 2 期,第 34—36 页。

旦大学、同济大学等"985"高校,还有台湾大学和香港大学等都在同年陆续加入慕课的三大平台之一。国内的慕课平台也陆续上线,如网易云课堂、清华大学(微博)学堂在线、过来人公开课、好大学在线等。2014 年,"爱课程"与网易联袂打造的"中国大学 MOOC"平台正式上线,目前已有 39 所大学的 340 门网络课程在线。以微视频为主要形式的微课也是发端于美国,经由可汗学院和 TED-Ed 的网络推广迅速成为慕课环境下的基本学习单元。近年来,国内外众多微课网站陆续推出各种类型的微课,微课也成为我国推动教育信息化工作的主要抓手,仅 2013 年就先后举办了四个全国性微课(教学)大赛,涵盖大中小学各个教育阶段[①]。翻转课堂的教学改革实践,是信息化建设与课堂教学相结合的有益尝试。据了解,翻转课堂教学实验在全国范围内的大学、中学、小学均有不同程度的开展,实验规模有班级、年级甚至全校参与的,实验课目有文科、理科、信息技术等,山东昌乐一中于 2014 年9 月实现在全校、全学科范围的翻转课堂,目前属全国首例。各校总结出不少本土化教学模式,比如"二段四步十环节"模式[②]、"在线导学"模式[③]、"基于翻转课堂的混合式教学"模式等[④],在取得一定成效的同时,也引发了关于教师角色、课程模式、管理模式等一系列争议与思考。

　　慕课的引入与本土化构建,丰富了在线教育资源。慕课平台构筑的网络课堂,其突出特性主要表现在以下三方面:一是开放性,体现在课程设置的开放性、学习门槛的开放性和教学师资的开放性;二是即时性,包括内容更新的即时性、学习活动的即时性、学习效果反馈的即

[①]　汪滢:《微课的内涵、特征与适用领域——基于首届全国高校微课教学比赛作品及其征文的分析》,《课程·教材·教法》2014 年第 7 期。

[②]　张福涛:《基于学生自主发展的"翻转课堂"探索与实践》,《中国教育信息化》2014 年第 14 期。

[③]　陈凤燕:《"翻转课堂":信息技术与教育的深度融合》,《教育评论》2014 年第 6 期。

[④]　张其亮、王爱春:《基于"翻转课堂"的新型混合式教学模式研究》,《现代教育技术》2014 年第 4 期。

时性以及交流互动的即时性;三是个性化,海量的课程资源以及零门槛让学习者可以根据需要选择课程,学习者可以根据自己的学习计划或者兴趣偏好决定学习的快慢、深度。

慕课作为网络课堂,其内容生产的开放性非校园课堂所能匹敌,其内容传播的广泛性和快速性也大大超过课堂教育。教育功能的实现不仅需要内容、传播和载体的支撑,更需要教学的互动互促,即师生在智慧、情感、价值观上的成长。从"教"这一端来说,慕课充分利用视频制作的跨时空、组合性、灵活性和便捷性的特点,教学形式包括出镜讲解、幕后讲解、实景授课、专题短片和访谈式教学等,其丰富程度是课堂难以达到的。但是,从"学"这一端来说,慕课教学形式的多样性难掩其学习过程的单一性。慕课所有教学都是以单元—媒介—视频呈现,对于学习者来说,学习过程主要是被动型"观看"占主导,缺乏情境刺激,容易产生注意疲劳和注意涣散。不管是电脑固定观看还是手机移动观看,学习者和屏幕之间的学习场较弱,干扰因素较多。教学双方通过网络进行的主要是信息传递,而缺乏体验与情感的沟通,这是网络课堂的"硬伤",基于电子载体的网络互动(人—电子媒介—人)永远无法代替面对面的直接交流。而课堂教学创设的场域有较强的凝聚力,教师可以随时采取多种措施应对注意涣散问题。更为重要的是,课堂教学不仅传授"显性知识",还传达"隐性知识",因而能够承载更为宽泛的教育功能,实现教学相长[①]。另外,网络课堂的开放性在使学习者获得选学自由的同时也在相当程度上助长了学习的随意性。目前对慕课最尖锐的批评,恐怕就是说它"是最易实施的教育形式,因为它缺少'教育原则'"[②]。

由此看来,慕课的优势是由互联网的特性(开放性、参与性、渗透

---

① 范蔚.《课堂教学的功能定位及其有效性判定》,《今日教育》2013 年第 2 期。
② 约翰·巴格利:《反思 MOOC 热潮》,《开放教育研究》2014 年第 1 期。

性)所赋予的,慕课为课堂教学带来一定挑战,但不能取代课堂教学。就目前来看,基于学校课堂的全日制教育仍是我国公民教育的主要渠道,其课程具有较强的学科性和体系化,有一套完整的教育管理体系。但是应该看到,慕课的出现打破了教师—学生二元教育生态,以慕课为主要标志的网络教育平台已经迅速成为教育生态中新的独立主体①。多元的教育生态需要探索深度融合的教育模式。在"互联网+"背景下,学校教育应充分认识这一变化,开掘慕课的资源优势,适当纳入课堂教学与管理体系,丰富课程内涵,优化教学模式。比如,通过对慕课优质师资的资源共享,提升教学质量;通过非主干课程的慕课引入,降低教育成本;通过慕课学习资源的利用,消化与深化知识理解,提高学习效果。而对于那些没有机会或条件接受学校教育的人群,抑或缺乏师资的某些校园课程,可以通过扩大慕课传播,共享网络教育资源。

(二)微课教学实践

教学单元的时间设置,其基本依据是既要保证教学目标的达成,又要保证学习者的注意力维持。网络环境和课堂环境,在主观学习动机与意愿相同的情况下,对学习者的注意水平的影响有所不同。网络环境下,学习者面对的是机器(屏幕),多视窗显示以及窗口弹出模式使得学习者随时面临多种选择,频繁的注意分散和注意转移直接影响知识学习和理解,影响学习效率,尤其是较为陌生与困难的科目;另外,由于网络学习的随时随地性,人—机之外的环境的不确定性也会成为干扰因素,网络学习者注意力的维持会受到一定减损。因此,网络课程普遍采用了微课视频教学单元。微课视频时长一般不超过 20 分钟,大多

---

① 高地:《"慕课":核心理念、实践反思与文化安全》,《东北师大学报》(哲学社会科学版)2014 年第 5 期。

数则在 10 分钟左右,占用的贮存空间较小(一般几十兆),便于学习者在移动设备上学习。在教学内容上力求多手段、多角度、多形式地呈现,形成多维学习刺激;在教学进度上采取"小步子"原则,一个微课讲解一两个知识点,一组微课可以呈现较为完整的知识体系。微课的这些设置兼顾了网络环境和网络学习者的注意力特点,成为慕课普遍采用的"默认模式"。而在课堂环境下,教师可以通过调节讲课内容、改变语音语调或是直接提示提醒等方式在相当程度上把控学生的注意力,课堂中"他人在场"的群体效应有利于学习氛围的营造与持续,更为重要的是,课堂教学互动直接、交流活跃,这些都构成围绕学习内容的良性刺激,学校课堂的环境刺激要远远高于网络课堂,因此学习者可以获得较长的注意集中时间,保证学习内容的系统性、完整性。40—60分钟是被经验证明和普遍认可的课堂教学时长。

二、互联网背景下高职教育教学文化改革策略

互联网技术与教育深度融合的趋势势不可挡。虽然"在线教育"不可能完全取代大学校园里的课堂教学,但其运作模式开始触动传统高等教育的根基。高等学校应系统规划,积极探索"互联网+"背景下高等教育的发展路径,大力推动传统教育信息化发展。

(一)积极推动信息技术在教育教学过程中的全面应用

可以借鉴国外发展慕课的先进经验,在教学实践的基础上构建自己的在线教育平台。通过建设内容丰富、使用便捷的网络化的教学平台,有计划地试点线上线下相结合的混合式教学、翻转课堂等新型教育模式,逐步实现课堂教学、师生互动、效果评估等教学过程的在线化。

(二)要审慎选择,认真组织网络课程

网络公开课程有助于展示学校优势、扩大学校品牌,因此在教学

实践的基础上,学校应该适时地将自己最强、最具优势和特色的成熟的网络公开课程推出来。良好的教学质量总是学习过程的核心。"在线教育"的成功在于努力为学生提供最优质的课程和个性化学习服务。这就要求学校要审慎选择,教师要精心准备、科学设计,不能简单地将教学搬到网上。目前的一些在线课程仅仅是课堂录像,加上极其简单的PPT,课程内容枯燥无聊,需要对传统课程的内容修订和结构进行调整以适应网络教学的新要求。

(三)创新激励机制,加强教学团队建设

"在线教育"不是精英教授的独角戏,而是一种全新的思维模式和学习方式,是专业化教学服务团队协同配合的结果,需要教学设计师、主讲教师、辅导教师、IT专家和摄影师等多方面专业人士的共同努力。课程建设必须精心准备、认真设计,需要教师投入大量的时间和精力。罗伯特·塞奇威克花了数百个小时准备材料,录制和微调教学录像又分别投入了14天。因此,高校应积极推进课程团队建设,构建鼓励教师参与的激励机制,支持和促进教师跨时空团队的形成发展。可以通过创建基于信息技术的智能化课程教学服务体系,推动教师专业化分工和集成化管理,将教学从教师的个体劳动转化为团队合作。

(四)科学设计,提高学生参与程度

"在线教育"不仅要将社交网络、在线资源以及相关领域的名师大家整合一起,更重要的是构建一个学生积极参与的环境,使他们可以根据学习目标、现有知识技能和共同兴趣自我组织学习过程。学生的积极性很大程度上受教师参与和支持的影响,要充分发挥网络技术的优势,加强师生互动、学生互动环节的设计,可通过视频聊天室、在线游戏、网络沙盘及线上论坛等多种形式加强师生互动,而这种互动正是学习过程的核心。这会对教师的时间和精力提出很高要求,需要高校在政策方面给予支持和倾斜，创新师资队伍的保障机制与激励机制。开发网络课程意味着教学与科研之间原有的平衡关系会被打破，高校应进一步创新教学模式和调整科研政策。

（五）探索科学的运营模式

免费是目前很多在线教育资源的基本特征，但是，免费不能支撑在线教育的可持续发展。网络课程建设需要长期、大量投资，仅仅依靠大学自身的力量难以支撑长久运营。因此，无论是大学自己的开放平台，还是其他形式建立的平台，必须探索科学的市场化运营模式，找到持续稳定的资金技术支持。从实践来看，互联网企业在免费策略下的盈利模式主要有两类：一是投放广告，如新浪、百度、Google、Facebook等互联网企业的主要收入都来自广告，这类企业多半属于大众传媒类企业；二是先免费，培养顾客习惯，占领市场高地，然后逐渐过渡到收费，淘宝就是这种模式的典型。这些互联网企业的成功经验都值得"在线教育"借鉴。此外，"在线教育"还可通过提供延伸服务获得收益，比如，可根据需求为学生提供收费的结业证书、为企业提供定向培养服务；或帮助企业从其毕业学员中招募员工；为其他大学提供高水平的课程材料等。随着"在线教育"的成熟和普及，在社会形成网络学习的氛围和习惯后还可逐渐过渡到收费模式。

（六）创新高等教育管理体制

"互联网＋"模式给现行高等教育教学体制带来巨大冲击，将引起学术权力与行政权力之间关系的解构与重构。在现行管理体制下，我国高校之间的边界清晰、严格，基本处于隔绝和封闭状态，相互之间教学合作少、重复开课多，资源浪费现象严重。传统的学籍学分管理、学历证书等一系列教育制度都限制了"在线教育"的发展。因此，面对互联网时代的历史性发展机遇，政府和高校都要从战略高度充分认识和重视"在线教育",加快高校教学模式、管理体制的根本变革。除了高校要主动参与这场全球范围内的高等教育互联网之战,从宏观层面,还需实施高等教育管理体制创新,创建多元化办学体制,拓宽高等教育投资渠道。

第九章 高等教育从大众化向普及化转变中的高职教育教学文化创新与实践

第一节 高等教育大众化与高等教育普及化

高等教育是历史的产物，其发展与经济社会发展相辅相成，有什么样的经济社会发展水平，就有什么样的高等教育发展水平。改革开放以来，我国经济社会发展呈现出勃勃生机，我国高等教育是在近20年实现了快速的大规模发展。尤其进入新世纪后，我国高等教育毛入学率不断攀升，2005年我国高等教育总规模超过2300万人，成为全球高等教育第一大国，高等教育成为我国经济社会转型发展的动力源。在高等教育的发展过程中，国民接受高等教育的需求不断扩大，而且需求的内涵不断丰富，高等教育便有了从精英化向大众化再向普及化发展的必要。

一、高等教育大众化

大众化（Massification）是一个高等教育系统招收大量学生、适龄青年入学率达到一个较高比例并且学生就读于多样化的高等院校的过程。[1] 美国学者马丁·特罗在 20 世纪 70 年代提出了高等教育发展阶段理论,他以高等教育毛入学率作为衡量高等教育发展阶段的关键标准,将世界上的高等教育系统分为三种类型——精英型、大众型和普及型。他认为,就数量而言,高等教育毛入学率(即适龄青年接受中学后教育的比例)低于 15%,属于精英型高等教育阶段;高等教育毛入学率在 15%—50%,属于高等教育大众化阶段;高等教育毛入学率在 50% 以上,高等教育进入普及化阶段,并且他认为高等教育必然走向普及化入学阶段。[2] 自马丁·特罗提出毛入学率 15% 和 50% 这两个具体的标准后,国际上形成了关于评价高等教育发展水平的基本共识。从理论上讲,毛入学率是指高等教育全部在学人口占适龄人口的比例,主要反映高等教育适龄人口的受教育状况。

二、高等教育普及化

普及化高等教育具有个人与社会两方面的功能,多样化院校系统有着使命、结构和资助模式各不相同的院校机构。[2] 据统计,2010—2014 年,我国高等教育毛入学率分别为 26.5%、26.9%、30%、34.5% 和 37.5%,年均增长 2.75%,后两年年均增长 3.75%。如果以这两个年均增长率预测未来高等教育发展走势,得出的结果是:如果保持年均增长 2.75% 的发展速度,约需 4.5 年实现高等教育毛入学率 50%;如果保持年均增长 3.75% 的发展速度,约需 3.4 年达到毛入学率 50%。如果未来高等教育年均增长速度低于 2.75%,则需要超过 5 年实现毛入学率 50%;如果年均增长速度高于 3.75%,实现 50% 的毛入学率所需时间将少于 3 年。尽管后两种情况的出现并非完全没有可

---

[1][2] 菲利普·G.阿特巴赫:《比较高等教育:知识、大学与发展》,人民教育出版社教育室译,北京:人民教育出版社,2001 年,第 3 页。

[2] 菲利普·G.阿特巴赫:《比较高等教育:知识、大学与发展》,人民教育出版社教育室译,北京:人民教育出版社,2001 年,第 73 页。

能,但从我国高等教育发展的内外需求看,毛入学率维持在年均2.75％—3.75％的可能性更大。如果将适龄人口数逐渐减少的因素考虑进去,不论以哪一个比例增长,毛入学率达到50％所需要的时间都会更短一些。因此,预计未来4—5年中,我国高等教育发展将迈入普及化阶段。我国高等教育大众化已经进入中后期,预计在2018—2022年之间,我国高等教育毛入学率将突破50％,进入普及化时代。普及化发展还将伴随我国高等教育质性的变化。它不仅将改变高等教育的形态,而且丰富高等教育的性质与内涵,提升高等教育的作用和辐射力。

我国高等教育即将进入普及化阶段。普及化高等教育发展将改变高等教育的形态,丰富高等教育的性质与内涵,提升高等教育的作用和辐射力。发展普及化高等教育,就是要解决好地区差别、城乡差别,实现不同地区高等教育均衡发展,普及化的重点在中西部地区和经济欠发达地区。因此,更多的地市级城市都建立了高等教育体系,这其中大多是高等职业院校。我国发展普及化高等教育,非传统生源将成为主要增长点。高等教育迈向普及化、进入普及化阶段以后,高等教育受众中的适龄人口仍将保持一定的增长率,甚至在初期还是增长的主要人群,但随着普及化的深入,非传统生源接受高等教育的人数将逐渐增加。我国劳动人口十分庞大,潜藏着巨大的高等教育需求。

第二节　高等教育大众化与普及化对高职教育教学的影响

一、高等教育大众化与普及化对高职教育的影响

我国正处于全面建设小康社会、加快推进现代化建设的关键时期,经济和社会发展面临许多重大而艰巨的任务。高等教育大众化与普及化为国家经济社会发展积聚了巨大的人力资本,为全面建成小康社会提供了人才保障。社会人力资本是各行各业从业人员通过教育所获得的劳动生产力,高等教育的普及化必然带来社会人力资本的普遍增值,与精英型高等教育不同,大众化与普及化高等教育的个人功能和社会功能具有新的内涵,且这些新功能是通过新的结构实现的。高等职业教育就是这样一种新的结构类型,它是"高等教育"与"职业教育"两个概念的复合。大众化与普及化高等教育的发展,高等教育系统内部将更富有弹性,内部组成部分之间的相互联系、协同互动办学将得到加强,尤其是不同类型、不同形式、不同地区以及不同性质、不同隶属关系高校的教育将更具有包容性、辐射性和融通性,这其中就包括中职学校与高职教育、高职教育与本科学校之间的联系与融通。

在普及化阶段,高等教育更倾向于公民的一种义务,其主要目的是通过更加多样化的高等教育机构和教育形式,提高人们对社会的适应能力,注重终身学习以及教育机会均等的理念。我国走新型工业化道路、推进产业结构优化升级、转变经济增长方式以及建设创新型国家,都需要培养一大批能够解决生产技术难题的高技能人才,对人力资源结构和素质提出了新的更高的要求,高等职业教育的招生总数将进一步增加,它满足了受教育者个人职业发展的需要,高等职业院校成为承载高等教育大众化与普及化的主体机构。《中华人民共和国国民经济和社会发展第十三个五年规划纲要》指出,提高高校教学水平

和创新能力,建设现代职业教育体系,推进产教融合、校企合作,优化学科专业布局和人才培养机制。这种新的结构对高职教育教学已经产生并且将不断产生新的影响,它要求高职教育要不断强化高职教育理念与特色,注重提高教育教学水平和质量。教学是高等职业院校的内部微观制度,这种微观制度的有效性对大众化和普及化高等教育发展有着重要影响。

随着学生数量增加、知识分化、学生背景及需求多元化,根据现代课程结构,社会和人文课程处于课程体系的边缘位置。因此,需要将分散在各专业的知识整合成完整的有机体,改变学习停留在单纯认知层面的现象,使课程内容生活化,容易学习,方便应用,而不囿于课堂、教室、教材和分数,改变以考试成绩论质量,避免学生丧失了批判和超越的能力,成为"单向度的人"。与传统课程教学组织形式相比较,课程社团化搭建学习方式变革的有效平台,以课内带课外,以课外促课内,拓展学习内容,丰富教学组织形式,营造开放学习环境,努力实现课程与社团的结合,契合学生个性特征,旨在形成体现、发挥学生学习主动性的多元、开放的课程发展系统,适应社会发展需要。

二、高等教育大众化与普及化对高职教育教学的影响

高等职业教育兼具高教性和职教性,从高教性出发,高职教育必须认真履行大学的四大职能,认真把握好人才培养、科学研究和社会服务、文化传承和创新的关系,形成高职教育治理的基本框架;从职教性出发,产教融合是高职教育办学的基本特征,校企合作是高职教育人才培养模式的重要特点。通过师生们的教学实践和反思,更好地理解教学的文化含义。

高等职业院校教学改革的方向是构建充满对话、自主和协作的真实学习环境,课程是学习环境的基本载体,要突破传统课程教学的藩篱,借鉴社团活动的形式开展课程的教与学,面临着课程教学范式的

转换与创新。后现代主义课程观提倡"以学生为中心"和"课堂之外的学习",强调张扬学生的主体意识和促进学生个性发展,使课程目标定位适应社会发展与变革,体现出课程的多样性、非系统性、文化性、开放性、动态性和过程性。学生通过独立探索与小组协作的形式进行学习,在共同目的的基础上构建学习共同体。在高校学生社团这种学习共同体中,学生拥有更多的自主权,可以根据自己的喜好选择合适的时间、地点进行学习,与教师和其他学习者进行沟通交流。

提倡"以学生为中心",强调学生通过独立探索与小组协作的形式进行学习。提倡协作探究的模式,协作学习对形成学生的批判性思维与创新性思维,提高学生的交流沟通能力、自尊心与形成个体间相互尊重的关系,都会起到积极的作用。课程资源对于学生作用的充分发挥,有赖于形成灵活多样的教学组织形式与之相适应,以课程社团化为切入点,将社团引入课程教学过程,引入学生的学习活动中。课程社团化是课程教学的重要补充,而非要生造出一个社团,其最大特点在于其对传统的课堂教学结构进行大胆突破,即课堂教学与课外活动的创新性转换。尽管看起来是一个形式上的变化,但事实上这一变化却引起了教学重心的转移。教师根据学生的兴趣专长,以社团活动的形式选择合适的交互策略,与学生形成积极良性的互动交流,学生在社团活动中形成良好的小组协作、探究式学习氛围。

三、高等教育大众化与普及化时代的高职教育教学文化

教学本身不是学习的内容,只是学习得以发生的条件和更多学习汇聚的平台。在高等教育大众化与普及化的时代,教学文化深刻地影响着高职教育教学质量,我们研究高职教育教学文化,以期全面而深刻地理解和把握教学的本质,实现教学从静态走向动态。随着高等职业院校教学改革的深化,课程体系发生较大变化,需要在原有课程基础上突出综合实践课程的开发和运用。因此我们要主动承担起认识

高职教育教学文化的任务,将教与学融汇于文化过程之中。这种教学文化更加强调教学和课程知识的多样性、非系统性、文化性、开放性、动态性和过程性。高职教育新型教学文化的整合和重构需要一种整体观予以观照,即高职教育新型教学文化应呈现出一种多样性的统一,需要更新教学理念,厘定教学目标,更新教学内容与教学方法,调整课程结构,优化教学过程,变革教学组织形式,转换师生关系。整合教学资源,打破传统课堂的常规教学,教学时间、空间安排围绕学生学习决定。

(一)建立以受教育者为中心的人才培养文化

培养什么人?怎样培养人?人才培养制度是高校的基本制度,在高等教育的历史演进中,曾经出现过以教师为中心和以知识为中心的人才培养制度,发挥高职教育教学文化的功能,要紧紧扭住人才培养这个"牛鼻子",推动具有创新意识、实践能力和社会责任感的技术技能人才培养。在高等教育普及化阶段,受教育者的构成复杂而多样,知识基础、能力水平、学习习惯、教育需求存在广泛的差异,为此,必须改革人才培养制度,将受教育者置于中心位置。在传统的教学制度和文化环境中,受教育者只是适应者,受教育者的学习往往具有被动性,他们的教育需求得不到满足,他们的个性得不到尊重,他们的权利得不到保障。

人才培养具有关键意义,普及化高等教育能否真正得到实现,最终就看高校的人才培养是否能够满足受教育者的需要。我国高校人才培养制度一向过于刚性,对学生缺乏亲近感,教学过程枯燥而单调,专业教育模式机械呆板,学生往往被动参与教育教学活动,"满堂灌""填鸭式"大行其道。这样的人才培养制度完全不能适应普及化高等教育发展要求,所以,在普及化高等教育的微观制度建设中,人才培养制度应当受到高度重视,从他们的个性特点出发,根据他们的受教育需求和发展性向与志愿,树立普及化高等教育理念,修订人才培养方案,改革教学模式,更新教学方法,完善教学标准和评价手段,改善人才培养环境和条件,创新人才培养过程,全面增强人才培养的弹性与灵活性。与此同时,调整和完善学科专业结构,改革专业教育模式,大力促进学科专业交叉与融合,丰富教育教学资源,为受教育者提供充分的可选择的高等教育。

(二)突破"形式主义盛行"的教学改革困境

教学是高职教育最重要的一项职能,高职教育教学文化要与人才培养相适应而不能脱节,教学改革应不断探索普适性,体现真价值。教学不是简单的传递和灌输,教学过程不是单一的知识接受过程,而是一个知识建构、情感交流、道德发展、人格完善的过程,学生不是被动的接受者,而是积极的建构者。倡导建构性学习,鼓励学生通过探究的方式、体验的方式、合作的方式积极主动地学习。而 80 后、90 后的学生不只活在别人的评价里,更活在自己的想法里。这就需要在教学改革中充分调动他们参与的积极性。

教学改革作为一种教育实践活动,一般而言有两种发生模式:一种是以理论创新为先导的"自上而下"的教学改革模式,一种是以改进实践为导向的"自下而上"的教学改革模式。教学改革的方向是构建充满对话、自主和协作的真实学习环境。没有学生,就没有学校。让学生学什么?怎样学?教师如何使学生置于课程的中心。"学习者中心模式""课堂之外的学习",调动学生学习积极性,相信学生,尊重学生,动员年轻人参与对话,参与有积极意义的活动。学习者共同体,学生产生自己的问题,评价自己所了解的一切,参与到同伴评价和学习中,在完成共同任务时,每个学生要确认自己所做出的贡献,关注每一个学生的进步。呆板的课程,在学生面前呈现了很多内容,学生却一无所获;鲜活的课程,探究某个问题时,偶然就学会了许多新东西。教什么?怎么教？教学过程贯彻合作学习理论，采用自由活动与半结构化的方法，努力实现公共知识与个体知识以及不同门类知识的富于个性的整合。

从学习是知识的获得到学习是实践的参与。学习科学的研究包括学校、工作场合、网络、俱乐部以及家庭中的学习。杜威指出，所有的学习都应来自于一个大的共同世界中的关系。教育即生活。陶行知也提出，教育要将生活作为指南针，朝着实际生活走，才不至于迷路。教学文化应避免空洞的说教，而应从生活中发现，从道德层面倡导，并从制度上予以保证，这就需要突破"形式主义盛行"的教学困境。多采用Currere(跑的过程)定义课程教学，强调人的能动的过程，以及个体在学习过程中，在转变与被转变过程中的体验，它既包含了内容又包含了过程，内容体现在过程中，成为过程的一部分。后现代主义课程观认为应强调张扬学生的主体意识和促进学生个性发展，课程目标定位适应社会发展与变革。

(三)改革传统的课堂教学模式

传统课程和课堂教学最大的局限在于教与学必须发生在特定的时间(40—50分钟)及特定的地点(教室)。在更为古老的古希腊的学园和中国的书院，都采用这种教学方式。在中世纪，所有学院的教学方法都无外乎两种，即讲授和辩论，两者互为补充。[①]

传统课程教学，教师"统一讲"，学生"集体听"，教师用"一个版本"对所有对象授课，忽视了不同个体的能力差异，这就导致传统课堂的集体授课无法兼顾学生的个性。每位学生的学习能力和兴趣各有不同，传统课程教学虽然意识到这一点，但在具体实践中很难做到因材施教。以班级授课制为代表的现代教学组织形式，是现代知识的产物，

---

① ［德］包尔生：《德国大学与大学学习》，张弛、郗海霞、耿益群译，北京：人民教育出版社，2009年，第24页。

是它的空间权力的实现。这种教学组织形式虽然提高了教学效率,但不利于学生的全面发展和个性发展,尤其是在大班额情况下,教师很难照顾到学生的个别需求,教师与学生之间难以建立深入的关系。

学习更多地体现为一群个体在共同探究有关课程过程中的相互影响,教师要创造性地带动教学过程,使教学成为一个动态的、多方交流的发现和发展知识的过程,教师是课程的开发者和研究者,选择和开发教学资源,设计开展教学活动。事实上,在实施有差异的教育中,课程要素并未发生变化,而是使教学活动成为质疑问难、知识相遇、思想碰撞的教学活动场域,从而形成开放的课程发展系统。课堂教学无疑是"学生生存与发展的重要方式",也是教学改革成败的关键所在,直接关乎人才培养质量。这种教学文化转换了师生关系,使师生角色发生实质性变化,并在真实课堂中切实保证师生之间的深度互动,教师与学生的交流互动的时间大为增加,教师在课堂教学活动中不断捕捉学生的动态并进行针对性的反馈,从而激发学生对学习的自觉性和责任感,实现学生对各种知识的整合和能力的迁移。

学习是在一定环境中进行的活动,学习环境对学习者的认知、情感、行为产生直接与间接、显在与潜在的影响。课程不仅要通过环境的建构来促进学习,它也会受到环境的影响。改善学习环境,更多场合,密切联系,亲密接触,很有效果,形成育人的"能量场"。1962 年,美国学者格拉泽提出"教学系统"概念并对教学系统进行设计。空间、时间、设施设备等都是影响学习活动的系统物质环境,作为参与学习活动的对象和内容。物质环境、人的环境、文化环境构成了学习环境系统的基本要素。物质环境对促进学生有效学习发挥直接作用。环境的改变也会改变正式学习的过程,正如美国学者布莱德利在对传统课堂之外的一系列活动的效果进行总结时所指出的"摆脱课堂的局限性,进入更广阔的社区,这改变了师生对学习内容的态度。师生之间的界限也模糊成一个中间地带,所有人都可以自然地进入这一地带"。这在实践中比课堂上有更深刻的理解和演绎。

第三节 高等教育从大众化向普及化转变中的 高职教育教学文化实践

高职教育新型教学文化的构建,是一种从根本上揭示人才培养的理性思维,是高职教育提升办学能力的一项基础性的工作。我们应围绕这项基础性的工作展开紧迫而明晰的讨论,为高职教育创新发展开辟一条有效的途径,使我们能够从实践上发挥教学在高职教育办学中的基础作用,最终实现高职教育教学文化的更充分的重建。根据实用主义的观点,高职教育教学的发展趋向从实用到理论再到实践。高职教育新型教学文化与本科院校、中职学校和中小学校都不同,有其特点,需要我们在变革过程中认真地关注部分关键的细节,能够带来成功的体验、新的任务以及完成重要事情的喜悦和极度满意。更为基础的是,减少失败的次数和实现新的成功,能够带来教与学的再生,而这种教与学的再生在教师和学生的日常生活中是极为迫切需要的。[①]

一、重建师生对话

重建师生对话是教学文化的灵魂。因为学生不是知识的容器,教师提供给学生"脚手架",辅助、支持和示范,从而把学生思想的火把点燃。学生借此可发展他们独立完成活动的能力,这一原则的前提条件是活动能够使学生达到更新的水平和高度。教师和学生均感到满意的活动,所开启的学习领域很可能超越教师和学生的知识。这种文化认为,学生不是教学的被动接受者,而是积极的建构者,倡导建构性学

---

① [加]迈克尔·富兰:《教育变革新意义》(第三版),赵中建、陈霞、李敏译,北京:教育科学出版社,2005年,第8页。

习,寓课程学习于师生对话活动之中,不断提高学生学习的积极性和实效性。教师转变自己角色和定位,鼓励学生自由地通过作用而发展自己的课程。课程内容具有非常丰富的多样性和启发性,教师需要创造一种促进探索的课堂氛围,与学生进行广泛的对话。

学习是在一定环境中进行的活动,学习环境对学习者的认知、情感、行为产生直接与间接、显在与潜在的影响。因为教学不是简单的传递和灌输,教学过程不是单一的知识接受过程,而是一个知识建构、情感交流、道德发展、人格完善的过程。课程不仅要通过环境的建构来促进学习,它也会受到环境的影响。课程教学无疑是"学生生存与发展的重要方式",也是教学改革成败关键所在,关乎人才培养质量。以班级授课制为代表的传统教学组织形式,是传统知识体系的产物,是它的空间权力的实现。这种教学组织形式虽然提高了教学效率,但不利于学生的全面发展和个性发展,传统的学习环境过于强调课程对于学习的专属性,突出班级(课堂)教学作为教学组织的唯一形式,重视教师在不同专业的专职性,造成了唯课程、唯课堂、唯专业的封闭状态,学生之间缺乏合作交流,与教师之间彼此疏远。尤其是在大班额情况下,教师很难照顾到学生的个别需求,教师与学生之间难以建立深入的关系。

二、转换教学形式

转换教学形式是教学文化的核心。在传统的课程教学组织中,课堂是知识传递的场所,而在新型教学文化下的课堂,更多地赋予课程以灵活性、多样性和选择性,学生对待知识的态度从确定性的符号化、文本化的课程到情景性、生活化、体验性的课程转化。课程社团化基于社团活动基础开展课程教学改革,鼓励学生通过探究的、体验的和合作的方式积极主动地学习。

一百年前,著名教育家黄炎培先生在创办中华职业教育社时提出"双手万能,手脑并用"的职业教育理念。当前,高职教育大力推行的以校企合作、工学结合为核心的人才培养模式改革是对这一理念的传承与创新。学习者单靠个人很难达到最佳的学习效果,而在共同目的的基础上构建学习共同体,通过伙伴间的协作来完成知识建构则不失为一种很好的解决办法。2000 年,在第 11 届国际教与学研讨会上,韦斯利·贝克提出"教室翻转运动"——教师是学生旁边的指导者,而非讲台上的贤能者。2012 年 7 月,伯格曼和萨姆斯在《翻转你的课堂:每天每节课与每个学生交流》中指出,翻转课堂使师生角色发生实质性变化,并在真实课堂中切实保证师生之间的深度互动,激发学生对学习的自觉性和责任感。这些都体现了新的教学理念——个性化学习,而由于每位学生的学习能力和兴趣各有不同,传统教学虽然意识到这一点,但在具体实践中很难做到因材施教。

个性化学习的教学理念探索个性教育和包容教育的教学文化和模式,构建以学生自主学习为中心的弹性教学模式。相对于知识传授,以学习者为中心的教学理念,促进学生学习与发展。首先这种方式突破了传统教学的时空局限。通过重构常规教学组织形式,使教师、学生、教学环境、教学资源等要素相互作用,从而形成一个开放的课程发展系统。根据学校的培养目标和课程资源状况,结合学生多样化发展的需要,设置供学生选择的、灵活安排的教学课程,促进学生的个性成长。教师通过整合教学资源,围绕学生学习决定教学时间和空间安排,从静态到动态全面而深刻地理解和把握课程的本质和规律,始终保持自己职业能力的适应性。同时,以改进教学实践为导向,构建学习共同体,通过微观层面"自下而上"的教学改革,教学文化成为教学活动的一部分,学校在经费、政策等方面为教学文化的营造和建设提供支持和帮助,增强了教学活动的吸引力,并在实践运作中不断融入教学研究成果,完善教学管理与保障制度,使普适化的教学文化融入院校,逐渐形成基于校本文化的教学文化。

三、创新师生关系

美国社会学家露丝·本尼迪克特在《文化模式》一书中指出,我们必须把个体理解为生活于他的文化中的个体;把文化理解为由个体赋予其生命的文化。[①] 创新师生关系是教学文化的根本。在传统的教学活动中,更多地强调知识的传授和能力的培养,而更具生活意义和生命价值的主题常常被排除在外。学生作为一个成长中的群体,他们有不同的兴趣爱好,有着不同的个性,有着不同的学习方式,更难用统一的标准来衡量他们的学习质量。面对有差异的学生,实施有差异的教育。

高等职业教育的培养定位是培养学生理解实用的理论,掌握精湛的技能,拥有创新的思维,培育良好的人格,锻炼健康的体魄。在这个过程中,通过关注学生们的所说、所做、所想、所感,培养他们的抗压能力、沟通能力、团队精神。建构主义包括学习的情境理论和学习的活动理论。我国学者胡适从杜威那里所学到的就是从具体的情境去求取那一点一滴的进步。而浙江金融职业学院的"基于需的学"和"基于需的教"也正是在创新师生关系的指导下和情境中建构起来的。

文化是自然和历史演进的,一方面,现代职业教育视阈下,加快发展现代职业教育对高职教育新型教学文化重建形成挑战;另一方面,高职教育创新发展背景中,创新发展高职教育给高职教育新型教学文化重建带来机遇。产教融合、校企合作、工学结合、知行合一和教学相长呼唤专业教学文化、课程教学文化、课堂教学文化、活动教学文化和教师教学文化,这形成了五组既对立又统一的高职教育新型教学文化关系类型和行为模式,期待我们在今后的研究中予以深化。

---

① ［美］露丝·本尼迪克特:《文化模式》,王炜译,北京:社会科学文献出版社,2009 年,第 2 页。

参考文献

[1] 吴康宁.教育社会学[M].北京:人民教育出版社,1997.

[2] 别敦荣、王严淞.普及化高等教育理念及其实践要求[J].中国高教研究,2016(3).

[3] 周建松.大众化与高等职业教育发展[M].杭州:浙江大学出版社,2008.

[4] 李立国.培养学生的非认知能力和态度[J].清华大学教育研究,2016(1).

[5] 罗先锋、黄芳.普及化阶段的高等职业教育[J].高教探索,2016(7).

[6] 赵健.学习共同体——关于学习的社会文化分析[M].上海:华东师范大学出版社,2006.

[7] 登云,齐恬雨.论高等教育普及化阶段的人才培养[J].中国高教研究,2016(4)

[8] 包尔生.德国大学与大学学习[M].张弛,郗海霞,耿益群,译,北京:人民教育出版社,2009.

[9] 露丝·本尼迪克特.文化模式[M].王炜,译,北京:社会科学文献出版社,2009.

[10] 马歇尔·萨林斯.文化与实践理论[M].赵丙祥,译,上海:上海人民出版社,2002.

[11] 阿兰·格拉.教育社会学基本文选导论[M]//张人杰,主编.国外

教育社会学基本文选.上海:华东师范大学出版社,2009.

[12] 皮埃尔·布尔迪厄,[美]华康德.反思社会学导引[M].李猛,李康,译.北京:商务印书馆,2015.

[13] 迈克尔·富兰.教育变革新意义:第三版[M].赵中建,陈霞,李敏,译.北京:教育科学出版社,2005.

[14] 单文经.教学引论[M].上海:上海科技教育出版社,2003:18.

[15] 吴康宁,等.课堂教学社会学[M].南京:南京师范大学出版社,2006:117.

[16] 郑金州.教育文化学[M].北京:人民教育出版社,2000.

[17] 裴娣娜.教学论[M].教育科学出版社,2007.

[18] 刘庆昌.教学文化的意义探寻[J].山西大学学报(哲学社会科学版),2008(2):76.

[19] 张俊列.中西教学文化差异比较、文化探源与启示[J].教学与管理,2009(3):65.

[20] 车丽娜.教师文化初探[J].教育理论与实践,2006(11):45-46.

[21] 郝明君,靳玉乐.教师文化的变革[J].中国教育学刊,2006(3):71.

[22] 林艳.教师文化病理现象透析[J].教育发展研究,2007(12B):47.

[23] 白芸.学生文化的成因与特征分析[J].教育科学,2006(1):67-68.

[24] 李志厚.论教学文化的性质[J].课程·教材·教法,2008(3):14-16.

[25] 刘庆昌.教学文化的内涵与构成[J].教育研究,2008(4):48.

[26] 陈芳.国外教学文化与新教师发展研究述评[J].外国教育研究,2009(5):7-10.

[27] 陈树生,李建军.课程文化:学校文化建设的核心[J].教育发展研究,2010(2):84-87.

[28] 刘启迪.课程文化:涵义、价值取向与建设策略[J].课程·教材·

教法,2005(10):22-27.

[29] 范蔚.课堂教学的功能定位及其有效性判定[J].今日教育,2013(2).

[30] 约翰·巴格利.反思 MOOC 热潮[J].开放教育研究,2014(1).

[31] 高地."慕课":核心理念、实践反思与文化安全[J].东北师大学报(哲学社会科学版),2014(5).

[32] 张福涛.基于学生自主发展的"翻转课堂"探索与实践[J].中国教育信息化,2014(14).

[33] 陈凤燕."翻转课堂":信息技术与教育的深度融合[J].教育评论,2014(6).

[34] 张其亮,王爱春.基于"翻转课堂"的新型混合式教学模式研究[J].现代教育技术,2014(4).

[35] 晋银峰.基于新课程的教学文化研究:问题域、反思及走向[J].教育探索,2010(2):34-36.

[36] 汪滢.微课的内涵、特征与适用领域——基于首届全国高校微课教学比赛作品及其征文的分析[J].课程·教材·教法,2014(7).

[37] 姜大源.当代德国职业教育主流教学思想研究[M].北京:清华大学出版社,2007.

[38] 费利克斯·劳耐尔,等.职业能力于职业能力测评[M].北京:清华大学出版社,2010.

[39] 庄榕霞,等.职业院校学生职业能力测评的实证研究[M].北京:清华大学出版社,2012.

[40] 严中华.职业教育课程开发与实施——基于工作过程系统化的职教课程开发与实施[M].北京:清华大学出版社,2009.

[41] 赵志群.职业教育与培训,学习新概念[M].北京:科学出版社,2008.

[42] 王昌民.质量提升呼唤教学文化转型[J].渭南师范学院学报,

2013(4).

[43] 李芒,蔡君.论信息化教学的文化特征[J].中国电化教育,2012(9).

[44] 强晓华.高职院校教学管理文化:内涵、特征与功能[J].滁州学院学报,2015(3):51-53.

[45] 邵庆祥.试论高职院校专业文化建设的实践创新[J].学校党建与思想教育,201(11):89-91.

[46] 唐邦勋.高职院校课程文化建设研究[J].大学教育,2014(3):36-39.

[47] 郝天聪,庄西真.高职院校活动文化建设的拓维实践与反思——以浙江农业商贸职业学院为例[J].职教论坛,2015(2):36-39.

[48] 张宝臣,祝成林.高职院校教师文化特质的实然诊断与应然建构[J].中国高教研究,2015(12):100-103.

[49] 李斌,孟凡丽.课堂教学文化的内涵与特征[J].教育学术月刊,2008(8).

[50] 龚孟伟.当代教学文化的本质与特征新论[J].上海教育科研,2013(7).

[51] 赵东明.基于课程改革的高职院校教学文化建设[J].现代教育科学,2014(4):2.

[52] 潘璠璠.现代教学文化的特征[J].基础教育研究,2014(12).

[53] 崔允漷.有效教学:理念与策略(上)[J].人民教育,2001(6).

[54] 崔允漷.有效教学:理念与策略(下)[J].人民教育,2001(7).

[55] 曾繁相.德国职业教育发达的历史与现实成因及其对我国职业教育的启示[J].教育与职业,2014(5).

[56] 何小燕.浅析美国文化的包容性与美国职业教育的开放性[J].合作经济与科技,2013(10).

[57] 李斌,孟凡丽.课堂教学文化的内涵与特征[J].教育学术月刊,

2008(8).

[58] 樊彩萍,谢延龙.教学文化:内涵、价值与路径选择[J].教育理论与实践,2009(6).

[59] 孙培东,宋广文.课堂生生互动的类型、意义和策略[J].天津市教科院学报,2010(4).

[60] 龚孟伟,南海.教学文化内涵新解及其结构辨析[J].山西大学学报(哲学社会科学版),2010(4).

[61] 王军.大学校园文化的社会学分析[J].高等函授学报(哲学社会科学版),2001(10).

[62] 王纪安,邵军,邸久生.高职院校教学文化建设探析[J].承德石油高等专科学校学报,2015(3).

[63] 周景芳.新课程背景下课堂教学文化的建构[D].长沙:湖南师范大学,2007.

[64] 李淑贤.社会学视野下的有效教学交往研究[D].重庆:西南大学,2010.

[65] 王玉梁.21 世纪价值哲学:从自发到自觉[M].北京:人民出版社,2006.

[66] 中共中央马克思恩格斯列宁斯大林著作编译局.马克思恩格斯全集:第 19 卷[M].北京:人民出版社,1965.

[67] 李江涛,等.当代文化发展新趋势研究[M].北京:中央编译出版社,2009.

[68] 别敦荣.大学教学文化:概念、模式与创新[J].高等教育研究,2015(1).

[69] 陈晓端,毛红芳.教学论对教学实践指导的困境、意义、方式和限度[J].教育研究,2016(5).

后　记

　　阳明先生曾言:道大无外。教学是复杂的,文化更是复杂的,两者共同决定了教学文化的复杂性。可以说,教学文化,道大无外。高职教育作为高等教育的重要类型和职业教育的重要层次,其教学具有普通教育的共同性,同时具有其自身的特殊性,因此,高职教育教学文化是值得我们长期探索的一项重要课题,本书即是这项长期研究计划的初步成果。

　　本书是团队合作的结晶。在积累了一定的实践经验和研究资源的基础上,我们确定高职教育教学文化为研究主题。在一年多的研究中,我们研究团队经常就高职教育教学文化的各种问题展开讨论,在这些生动的、互相交换意见的讨论中形成了许多富有成果的思想,并使许多模糊的问题得以明确具体。全书由我提出写作框架,然后分头执笔,各章执笔如下:前言、第一章,王琦;第二章,苏浩;第三章,谢峰;第四章,王玉龙;第五章,汤海萍;第六章,周斌;第七章,林娟;第八章,宋春旗;第九章,陈正江;初稿形成后,由我和陈正江审改、修订、定稿。

　　在此特别感谢全国高等职业技术教育研究会会长、浙江金融职业学院党委书记周建松教授的关心和指导。周建松教授高度重视和支持我们团队开展以高职教育教学文化为主题的研究,并给予我们非常有针对性的指导,使我们进一步明确了研究主题,廓清了研究方向,不断激励我们团队致力于使这项研究达到力所能及的高质量标准。

　　周远清先生在《我的教学改革情结》中指出,教学是衡量或者检验是否理解教育,甚至是否懂教育的试金石。在我的教育实践工作和理论研究中,考虑最多的就是教学。希望本研究能起到抛砖引玉的作用,以利于我们共同推动高职教育教学工作的开展。当然,本书只是初步的研究,一定有疏漏与错误之处,尚请各方面专家批评指正。

王 琦

2016 年 9 月 10 日